La España de las Comunidades Autónomas

John - Benedikt Bettwieser Kl. 10 c

PUENTE

Teil 1

Spanisches Unterrichtswerk
von
Petronilo Pérez, Kurt Süß
und Rafael Marín

Neue Rechtschreibung

VERLAG MORITZ DIESTERWEG
Frankfurt am Main

PUENTE

Spanisches Unterrichtswerk
von Petronilo Pérez, Kurt Süß
und Rafael Marín

Beratende Mitwirkung:
Rosemarie Papadopoulos-Killius
und Rotraud Sonnabend

ISBN 3 425-06661-7

Umschlaggestaltung: Raaf & Gratzfeld Design, Mainz
Illustrationen: Klaus Puth, Mühlheim-Dietesheim
Karten: Joachim Zwick, Gießen

Satz: Artbox, Bremen
Reproduktion: Reprographia, Lahr
Druck- und Bindearbeiten: Druckhaus Kaufmann GmbH, Lahr
Printed in Germany

INHALT

INHALT

INHALT

INHALT

Canciones

Anhang

Zeichenerklärung

Text auf Tonträger

☺ ☻ Partnerübung

⁂ Fakultativer Text. Der Wortschatz wird im Vokabelverzeichnis nicht aufgeführt.

Verwendete Abkürzungen

m.:	maskulin
f.:	feminin
Sg.:	Singular
Pl.:	Plural
Pers.:	Person
Adj.:	Adjektiv
Adv.:	Adverb
Inf.:	Infinitiv
Imp.:	Imperativ
Ger.:	Gerundium
Part.:	Partizip
Indef.:	Indefinido
Dim.:	Diminutiv
ugs.:	umgangssprachlich
fig.:	figurativ, im übertragenen Sinn

¿Quién es quién?

Este chico joven y moreno es Carlos.
Es andaluz, de Córdoba. Es estudiante de informática.
Hoy es su cumpleaños. Estos son los invitados a la fiesta.
Son sus amigos españoles y extranjeros.

Manolo	¡Hola! Tú no eres española, ¿verdad?
Karin	No, soy alemana.
Manolo	¿Alemana? ¿De dónde?
Karin	De Heidelberg.
Manolo	Yo soy Manolo. Soy gallego, de Santiago. Y tú, ¿cómo te llamas?
Karin	Me llamo Karin.
Manolo	¿También eres estudiante?
Karin	No, yo no soy estudiante, soy traductora, ¿y tú?
Manolo	Yo tampoco soy estudiante, soy camarero. Carlos y yo somos amigos.
Karin	Yo soy amiga de la familia.

LECCIÓN 1

Julián	Paola, mira, esta es Ingrid, es alemana.
Paola	¡Encantada!
Ingrid	¡Mucho gusto!

Juan	¿Es extranjera aquella chica alta de pelo rubio y blusa verde?
Andrés	Sí, es italiana. Se llama Paola. Es de Venecia. Es profesora de idiomas.
Juan	No es fea, ¿verdad?
Andrés	No, no, es muy guapa.
Juan	¿Y aquel chico gordo de gafas es su novio?
Andrés	No sé, creo que no.

Miguel Hola, ¿qué tal?
José Luis Bien, ¿y tú?
Miguel Mal, muy mal.
José Luis Pero hombre, ¿por qué?
Miguel El amor, chico, el amor.

Fernando ¿Es este mi vaso?
Jaime Sí, creo que sí.
Fernando Vale, gracias.
Jaime De nada.

Montse Adiós, Inés, hasta mañana.
Inés Adiós, Montse, hasta luego.

Gramática

G 1.1 Substantiv und Artikel *El sustantivo y el artículo*

el español **la** chica	**un** español **una** chica	♦ maskulin (männlich); bestimmt/unbestimmt feminin (weiblich); bestimmt/unbestimmt

Pluralbildung

los chicos las chicas	**unos** chicos/estudiantes **unas** chicas/estudiantes	♦ Substantive, die auf **Vokal** enden, bilden den Plural durch angehängtes **-s**.
	unos amigos de Córdoba *ein paar Freunde aus C. / Freunde aus C.*	♦ **Beachte**: **unos/unas** entspricht dem deutschen *einige/ein paar*, jedoch auch dem unbestimmten Plural ohne Artikel.
el español / los español**es**		♦ Substantive, die auf **Konsonant** enden, bilden den Plural durch angehängtes **-es**.
el andaluz / los andalu**ces**		♦ Substantive, die auf -**z** enden, bilden den Plural auf -**ces**.

G 1.2 Das Verb "ser" und die Subjektpronomen

yo	**soy**	♦ Mit Ausnahme von *usted/ustedes* werden die Subjektpronomen meist nur dann gebraucht, wenn sie besonders hervorgehoben werden sollen.
tú	**eres**	
él/ella/usted	**es**	
nosotros/-as	**somos**	
vosotros/-as	**sois**	♦ In Lateinamerika wird die 2. Person Plural nicht gebraucht; stattdessen wird *ustedes* + 3. Person Plural verwendet.
ellos/ellas/ustedes	**son**	

G 1.3 Die Veränderlichkeit der Adjektive *La terminación de los adjetivos*

los chic**os** rubi**os**/los chic**os** son rubi**os** *die <u>blonden</u> Jungen/die Jungen sind <u>blond</u>*	♦ Anders als im Deutschen richtet sich das Adjektiv in jeder Funktion und Stellung nach dem Substantiv.
el chico moren**o**/la chica moren**a**	♦ Adjektive, deren maskuline Form auf **-o** endet, bilden die feminine Form auf **-a**.
el vaso verd**e**/la blusa verd**e** un chico jove**n**/una chica jove**n** español/españo**la**, alemán/alema**na** cordobés/cordobe**sa**	♦ Bei Adjektiven, die auf andere Vokale oder auf Konsonanten enden, sind die maskuline und die feminine Form gleich; **Ausnahme**: Adjektive, die von Länder- und Städtenamen abgeleitet sind.
los chicos moren**os**/las chicas moren**as** los chicos jóven**es** la chica feliz/las chicas feli**ces**	♦ Pluralbildung wie bei den Substantiven
este - est**os**/aquel - aquel**los**	♦ Sonderfall der Pluralbildung

Stellung: Die Adjektive stehen normalerweise **nach** dem Substantiv.

G 1.4 Die Possessivpronomen I *Los posesivos*

Carlos es mi amigo.	**mi**	♦ Die maskuline und die feminine Form sind gleich.
Estos son mis amigos.	**mis**	
¿Es Karin tu profesora?	**tu**	
¿Son estos tus amigos?	**tus**	
Esta chica es su novia.	**su**	
Karin y Paola son sus invitadas.	**sus**	

G 1.5 Die Verneinung *La negación*

No somos españoles.	♦ **no** *(nein/nicht/kein/e)* steht **immer** vor dem Verb
Este señor **tampoco** es español.	♦ **tampoco** *(auch nicht)* steht anstelle von **no**

G 1.6 Betonung und Akzent *Reglas de acentuación*

chico, joven, amigos	♦ Bei Wörtern, die auf **Vokal**, **-n** oder **-s** enden, wird die vorletzte Silbe betont.
hotel, señor, andaluz, usted	♦ Endet das Wort auf **Konsonant** (außer **n** und **s**), so wird die **letzte** Silbe betont.
alemán, Córdoba, José, Inés	♦ Alle Wörter, deren Betonung nicht einer dieser beiden Regeln entspricht, tragen **Akzent** auf dem betonten Vokal.
¿quién?, ¿cómo?, ¿qué? ¡Qué guapa!	♦ Fragewörter und Ausrufe haben immer Akzent.
el *(der)* ↔ él *(er)* tu *(dein/e)* ↔ tú *(du)* se *(sich)* ↔ sé *(ich weiß)* si *(falls, ob)* ↔ sí *(ja)*	♦ Eine Reihe einsilbiger Wörter werden zur Unterscheidung von gleich lautenden Wörtern mit anderer Funktion oder Bedeutung mit Akzent geschrieben (**Unterscheidungsakzent**).

G 1.7 „das ist ...“

Est**e** es mi amigo. Est**as** son las traductoras italianas. **Aquel** es su padre. Aquell**os** son sus amigos.	♦ Die Formen **este/esta/estos/estas** bzw. **aquel/aquella/aquellos/as** entsprechen dem deutschen *„das hier/dort (ist/sind)“*, wenn sie sich auf ein Substantiv oder auf eine Person (oder Eigennamen) beziehen.

Ejercicios

E 1.1 ¿Qué fiesta es?

Beantworten Sie die Fragen.

¿quién? *(wer?)*	¿qué? *(was?)*	¿cómo? *(wie?)*	¿de dónde? *(woher?)*

Bejahung: sí/también ↔ *Verneinung*: no/tampoco

1. ¿Cómo es Carlos?
   ¿Qué fiesta es?
   ¿Quién es Carlos?
   ¿Qué es Carlos?
   ¿Es Carlos peruano[1]?
   ¿Es Carlos de Sevilla?
   ¿De dónde son los invitados de Carlos?
   ¿Es Carlos profesor?
2. Manolo es alemán, ¿verdad?
   ¿Qué es Manolo?
3. ¿Es Karin italiana?
   ¿Es Karin morena?
4. ¿Cómo es su profesor/a de español?

E 1.2 Me llamo Miguel

Gegenseitige Vorstellung in der Gruppe:
A stellt sich B vor (Nationalität, Name, Heimatstadt und eine Eigenschaft).
B stellt anschließend A den übrigen vor, dann sich selbst usw.

Ejemplo: ☺ Yo soy español. Me llamo Miguel. Soy de Pamplona. Soy moreno.
☻ Este chico es español. Se llama Miguel. Es de Pamplona. Es moreno.
Yo soy Nina, *etc.*

[1] peruano/a: *der Peruaner/die Peruanerin; peruanisch*

E 1.3 ¿Qué es? ¿Qué no es?

Bilden Sie bejahte oder verneinte Sätze oder Fragesätze mit "ser".

Ejemplo: Manuela - ser - chica - español - Sevilla.
Manuela es una chica española. Es de Sevilla.

1. Nosotros - moreno - y alto.
2. Yo - profesor - inglés[1] - Oxford.
3. ¿Tú amiga - mexicano[2]? ¿Monterrey?
4. Sabine y tú - mis invitados.
5. Una de sus invitadas - traductor - italiano - Palermo.
6. Ellas - guapo - y joven - Lima.
7. Sabine y Karin - joven - alemán - Berlín.
8. Estas chicas - estudiante - andaluz - Granada.
9. Don José - señor - argentino[3] - Buenos Aires.
10. Nosotros - no - extranjero - español - Valencia.
11. ¿Vosotras - estudiante - alemán? ¿Heidelberg?

Una foto en familia

Roberto Gómez Alonso
el padre[4]

Blanca Rubio Casal
la madre[5]

Luis Gómez Rubio
el hijo mayor[6]

Juanito Gómez Rubio
el hermano pequeño[8]

Maite Gómez Rubio
la hermana[7]

---

[1]inglés/inglesa: *der Engländer/die Engländerin; englisch*
[2]mexicano/a [x=ch]: *der Mexikaner/die Mexikanerin; mexikanisch*
[3]argentino/a: *der Argentinier/die Argentinierin; argentinisch*
[4]el padre: *der Vater*
[5]la madre: *die Mutter*
[6]el hijo mayor: *der älteste Sohn*
[7]la hermana: *die Schwester*
[8]el hermano pequeño: *der kleine / jüngste Bruder*

E 1.4 ¿Quién es quién?

Beschreiben Sie diese Personen.

Menú:

camarero	alto	Heidelberg
profesora	gordo	Venecia
traductor	rubio	español
caballero[1]	joven	andaluz
campesino[2]	moreno	La Mancha[5]
estudiante	feo	gallego
	guapo	
	delgado[3]	
	bajo[4]	

Manolo

Carlos

Karin

Paola

Sancho Panza

Don Quijote

[1]el caballero: *der Ritter* [2]el campesino: *der Bauer* [3]delgado/a: *schlank, dünn* [4]bajo/a: *klein(gewachsen)*
[5]La Mancha: *Region in Spanien, südlich von Madrid*

E 1.5 ¿Qué son?

Wer hat welchen Beruf?

Santiago Robles

Antonio López

Pilar Rebollo

director/a
turista
médico/a
camarero/a
pintor/a
secretario/a
taxista
mecánico/a
policía

Blas Pérez

Raúl Suárez

José Gutiérrez

Anabel García

Paula y Hans Meier

Armando Caballero

E 1.6 Yo sí y tú también. El no y ella tampoco.

Bestätigen oder verneinen Sie die Frage mit "sí / también / no / tampoco".

Ejemplo: Paola no es fea, ¿y Karin?
Karin sí es fea. / Karin tampoco es fea.

1. Karin es alemana, ¿y tú?
2. Paola no es hermana de Carlos, ¿y vosotras?
3. Carlos es andaluz, ¿y Manolo?
4. José Luis es estudiante, ¿y vosotros?
5. Yo no soy mecánico, ¿y tú?

E 1.7 ¡Qué desorden!

Bilden Sie Sätze.

alto	Enrique y Juan	ser	no	turistas
Carlos	María	simpático		
una chica	muy	italiano	de	este	rubio
señores	español	estudiante	informática	

E 1.8 El casco o la vida

Fügen Sie den Artikel oder "este/esta, aquel/aquella" *hinzu und bilden Sie den Plural.*

Ejemplo: el señor - los señores
la señora - las señoras
este señor - estos señores
esta señora - estas señoras
aquel chico - aquellos chicos
aquella chica - aquellas chicas

1. estudiante
2. profesora
3. alemana
4. chica
5. señor
6. español
7. andaluz
8. invitado
9. peruano
10. blusa
11. chico
12. extranjero

E 1.9 Estos chicos son peruanos

Setzen Sie das Demonstrativ- bzw. das Possessivadjektiv ein und bilden Sie Sätze.

Ejemplo: chicas - chileno[1]
Estas chicas son chilenas.
Aquellas chicas son chilenas.

amigos - alemán
Mis amigos son alemanes.
Sus amigos son alemanes.

1. estudiante - moreno
2. profesora - alemán
3. italianas - joven
4. chica - rubio
5. señores - extranjero
6. española - rubia
7. andaluces - alto
8. invitadas - simpático[2]
9. amiga - extranjero

E 1.10 Carlos y Pepe son andaluces

Setzen Sie in den Plural.

Ejemplo: Carlos es un joven andaluz. Carlos y Pepe ...
Carlos y Pepe son dos jóvenes andaluces.

1. Carlos es estudiante. Carlos y yo ...
2. Este señor es un médico italiano.
3. Este chico es inglés.
4. ¿Es su invitada esta chica italiana?
5. Soy profesor de inglés.
6. Manolo es gallego. Yo también soy gallego. Manolo y yo ...
7. Este señor no es amigo de la familia.
8. Yo soy joven y guapa.
9. Mi amigo es andaluz.
10. Su blusa es verde.

[1]chileno/a: *der Chilene/die Chilenin; chilenisch* [2]simpático/a: *sympathisch*

E 1.11 Creo que sí

Äußern Sie Ihre Meinung zu folgenden Aussagen.

1. Mercedes Sosa es una escritora[1] peruana.
2. La Reina Doña Sofía[2] es andaluza.
3. Pablo Picasso es de Barcelona.
4. Plácido Domingo es mexicano.
5. Tu compañero/a es el hijo mayor/la hija mayor de su familia.
6. Salvador Dalí es un pintor catalán.

sí, creo que sí
no, creo que no
no sé, creo que sí
no sé, creo que no

E 1.12 ¿Con acento o sin él?

Mit oder ohne Akzent? Die fett gedruckte Silbe ist betont.

1. ca**tas**trofe
2. la**tin**
3. fran**ces**
4. ar**ti**culo
5. **jo**ven
6. ca**rac**ter
7. se**ñor**
8. po**li**tico
9. litera**tu**ra
10. Pe**ru**
11. A**me**rica
12. auto**mo**vil

[1] el escritor/la escritora: *der Schriftsteller/die Schriftstellerin*

[2] la Reina Doña Sofía: *Königin Sofía von Spanien*

⁂ E 1.13 En castellano

Übersetzung

Dirk Hallo, Karin. Wie geht's? Das sind meine Freunde Andrés und Sabine. Sie kommt (ist) aus München[1] und er aus Sevilla.

Karin Freut mich. Ich heiße Karin. Ich komme auch aus München. Seid ihr auch Studenten?

Sabine Ich bin Sprachenstudentin; Andrés studiert Medizin[2]. Er ist ein Freund meiner Familie.

Dirk Wer ist (denn) das Mädchen dort in der grünen Bluse? Ist das nicht Laura, deine italienische Freundin?

Karin Nein, das ist Paola. Sie kommt aus Verona.

Karin Paola, das ist Sabine, eine Freundin von Dirk, aus München, und das ist Andrés, ein Medizinstudent aus Sevilla.

Paola Hallo, sehr erfreut.

Sabine u. Andrés Hallo.

⁂ A cantar[3]

La Tarara

Tiene la Tarara
un vestido blanco,
que sólo se pone
en el Jueves Santo.

La Tarara sí,
la Tarara no,
la Tarara madre,
que la bailo yo.

Tiene la Tarara
un dedito malo,
que no se lo cura
ningún cirujano.

La Tarara sí...

Tiene la Tarara
un cesto de frutas,
que si se las pido
me las da maduras.

La Tarara sí...

Tiene la Tarara
un cesto de flores,
que si se las pido,
me da las mejores.

La Tarara sí...

---

[1] *München*: Múnich [2] *Medizin*: (la) medicina [3] a cantar: *wir singen*

LECCIÓN 2

¿Quieres tomar algo?

Montse, la amiga de Carlos, es catalana. Es de Cadaqués, un pueblo de la Costa Brava. Estudia idiomas. Mientras espera a Carlos, Jacques, un chico belga bastante majo, quiere ligar con ella.

Jacques Hola, buenas tardes, ¿tú eres española?
Montse Sí, soy catalana. De aquí, de Cadaqués.
Jacques ¿Y cómo te llamas?
Montse Me llamo Montserrat, pero todos me llaman Montse, ¿y tú?
Jacques Yo me llamo Jacques. Soy periodista.
Montse ¿Eres francés?
Jacques No, soy belga, de Bruselas.
Montse ¿Trabajas en España?
Jacques No, paso aquí las vacaciones.
Montse Pues hablas muy bien el español.
Jacques Gracias. ¿Quieres tomar un café?
Montse No, lo siento, ahora no tengo tiempo.
Jacques ¿Y mañana?
Montse No sé; quizás.

Carlos tiene que trabajar

Carlos, como muchos estudiantes, anda mal de dinero. Sus padres no son ricos. Por eso necesita dinero para pagar los estudios. Tiene que trabajar durante las vacaciones de verano. De momento trabaja de portero en la recepción del Hotel Marivent. Aunque trabaja nueve horas al día, no gana mucho. Los hoteles pagan poco.

Entra una señora y saluda.

Señora Buenos días.
Carlos Hola, buenos días.

Pasa un señor mayor y entrega al portero la llave de su habitación. Es un turista argentino. Se llama don José.

Don José Aquí tiene usted la llave de mi habitación, Carlos.
Carlos Yo también tengo algo para usted, don José. Es una carta de Venezuela.
Don José Bueno, muchas gracias.
Carlos De nada, don José.
Don José Adiós, hasta luego.
Carlos Hasta luego.
Don José Feliz fin de semana.
Carlos Gracias, igualmente.

Gramática

G 2.1 Die Verben auf "-ar"

ganar	gano	-o
	ganas	-as
	gana	-a
	ganamos	-amos
	ganáis	-áis
	ganan	-an

♦ Die unterstrichene Silbe ist betont; nur die 1. und 2. Person Plural sind nicht stammbetont.

G 2.2 Die Verben "querer" und "tener"

querer	**quiero**	tener	**tengo**
	quieres		**tienes**
	quiere		**tiene**
	queremos		**tenemos**
	queréis		**tenéis**
	quieren		**tienen**

♦ **tener que + Infinitiv**: *müssen*
Tengo que trabajar.

G 2.3 Die Grundzahlen I *Los números cardinales*

0 cero	7 siete
1 un(o)/una	8 ocho
2 dos	9 nueve
3 tres	10 diez
4 cuatro	11 once
5 cinco	12 doce
6 seis	

♦ Vor dem Substantiv wird **uno** zu **un** wie der unbestimmte Artikel (nur maskulin).
-¿Cuántos días trabajas?
- **Uno** a la semana. Trabajo **un** día a la semana.

♦ Zahlwörter sind maskulin; **el** uno, **el** cero.

G 2.4 Das Substantiv im Satz *Los casos sintácticos*

El portero saluda. **La chica** espera.
♦ Nominativ: ohne Präposition

Es la llave **del hotel/de la habitación.**
♦ Genitiv: **de (+ Artikel)**: (del, de la, de los, de las)

Entrega la llave **al portero/a la chica.**
♦ Dativ: **a** (+ **Artikel**): (al, a la, a los, a las)

♦ Akkusativ:
a) Sachen: ohne Präposition
b) Personen: **a** (+**Artikel**)
Ausnahme: in Inseraten und nach **tener**

Don José paga el **hotel**/deja **la llave.**
Jacques saluda **a Sabine/al portero.**
Buscamos **chicas** para la recepción.
Tengo **dos amigos.**

Espera **al** portero **del** hotel.
♦ a + el ⇒ **al** de + el ⇒ **del**

G 2.5 "mientras" und "durante"

Mientras espera, Jacques habla con Montse.
Sólo trabaja **durante** las vacaciones.

♦ *während* + Verb: **mientras**
während + Substantiv: **durante**

G 2.6 "muy" und "mucho"

Tienen **mucho** dinero. **Muchas** gracias.	♦ **mucho/a/os/as**	beim Substantiv
No gana **mucho**.	♦ **mucho**	beim Verb (unveränderlich)
Es un chico **muy** majo. Habla **muy** bien.	♦ **muy**	beim Adjektiv/Adverb

G 2.7 Formen der Anrede *Fórmulas de tratamiento*

Aquí tiene **usted** la llave, Carlos. Estas cartas son para **ustedes.**	♦ Die höfliche Anrede **usted/ustedes** *(Sie)* - beachte die Pluralform! - wird bei Personen gebraucht, mit denen man sich nicht duzt. **Abkürzungen**: Vd. (Ud.)/Vds.(Uds.)
Hola, buenos días, **señora** López.	♦ Die neutrale Anrede **señor/señora + Nachname** wird im Allgemeinen auch bei Akademikern wie Lehrern, Professoren usw. gebraucht.
También tengo algo para usted, **don** José.	♦ Die Form **don/doña + Vorname** gilt als respektvolle Anrede.
Buenas tardes, **doctor.**	♦ Die Titel **doctor/doctora** werden in der Regel nur bei Ärzten verwendet.
Hay una carta para **la** señora Rojo. Yo soy **el** señor Martínez. ¿Trabaja aquí **el** doctor Benítez?	♦ **Señor/a, señorita, doctor/a** werden nur in der direkten Anrede ohne Artikel gebraucht, sonst mit Artikel.

G 2.8 Diphthonge und Akzentsetzung

t**ie**ne, grac**ia**s, vacac**io**nes, desp**ué**s b**ue**no, c**ua**ndo, c**uo**ta	♦ Die Vokale **i** und **u** bilden in Verbindung mit **a, e** oder **o** Diphthonge; sie verlieren dabei ihren vollen vokalischen Klang und werden zu einem sogenannten Halbvokal.
día, tío, país	Behalten **i** oder **u** neben **a/e/o** ihren vollen Vokalklang bei (bei **u** selten), so werden sie mit Akzent geschrieben.

G 2.9 Zur Satzstellung *El orden de las palabras en la frase*

Entrego la llave a Carlos.	♦ Normalerweise Akkusativ vor Dativ
Esta semana no trabaja.	♦ Zeitangabe meist am Satzanfang
¿Trabaja usted en este hotel?	♦ Frage: Umstellung (Verb vor Subjekt)

Ejercicios

E 2.1 ¿Qué hace?[1]

Beantworten Sie die Fragen.

1. ¿De dónde es Montse?
   ¿Qué hace Montse en el hotel?
   ¿Quién es Jacques?
   ¿De dónde es?
   ¿Es también profesor de idiomas?
   ¿Estudian Montse y Carlos idiomas?
2. ¿Es usted belga?
3. ¿Qué hace Carlos en el hotel?
   ¿Por qué tiene que trabajar?
   ¿Para qué necesita Carlos el dinero?
   ¿Dónde trabaja este año?
   ¿Pasa Carlos las vacaciones en el hotel?
   ¿Qué entrega don José en la recepción?
4. ¿Dónde pasa usted las vacaciones?

Cadaqués

E 2.2 ¿Estudias o trabajas? - Jacques quiere ligar

Ergänzen Sie den Dialog mit der passenden Verbform.

Jacques Hola, ¿cómo te (llamar)?
Blanca Me (llamar) Blanca.
Jacques ¿(Ser, tú) española?
Blanca No, (ser) mexicana, de Monterrey, ¿y tú?
Jacques Yo (ser) de Bruselas, (ser) periodista.
Y tú, ¿(trabajar) o (estudiar, tú)?
Blanca (Estudiar, yo) Matemáticas, pero ahora (pasar) unos días aquí en Cadaqués. (Ser, yo) amiga de Montse.
Jacques ¿La amiga de Carlos (ser) tu amiga?
Blanca Sí, (ser, nosotras) amigas.
Jacques ¡Interesante! ¿(Tomar, tú) algo?
Blanca No, gracias, ahora no.
Jacques Bueno.

Ahora quiere usted ligar con un chico o con una chica.
Sie sprechen nun eine junge Frau oder einen jungen Mann auf ähnliche Weise an.

---

[1] ¿Qué hace?: *Was macht er/sie?*

E 2.3 ¿Eres catalán?

Ergänzen Sie die Dialoge mit der richtigen Verbform.

1. -Carlos, ¿tú no (hablar) catalán?
   -Sí, (hablar) un poco, pero no muy bien.
   -¿Y por qué (estudiar, tú) en Cataluña?
   -Porque mi padre (trabajar) aquí.
   -¿(Ganar) mucho tu padre?
   -No, mi padre (ser) empleado de banco[1] y no (ganar, él) mucho, por eso (tener, yo) que ganar dinero para pagar los estudios.

2. -Buenas tardes, (ser) ustedes de Cadaqués?
   -No, (ser, nosotros) alemanes. (Pasar) aquí las vacaciones.
   -Pues (hablar) ustedes bien el castellano.
   -No, yo no, pero mi mujer[2] sí (hablar) bien el español.

3. -¿(Necesitar) usted la llave, don José?
   -No, gracias, ahora no.

4. -Señorita, ¿(llamarse) usted Sabine Kraus?
   -Sí, yo (ser) Sabine Kraus, ¿por qué?
   -Aquí (tener, yo) una carta para usted. (Ser, ella) de Alemania.
   -Gracias.
   -De nada.

---

[1]el empleado de banco: *der Bankangestellte* [2]la mujer: *die Frau, die Ehefrau*

E 2.4 Si no tienes dinero, tienes que trabajar

Setzen Sie die richtige Form von "tener" *bzw.* "tener que" *ein.*

1. -¿Vosotros no … habitación?
   -No, no … habitación. Y vosotros, ¿ … dinero para pagar este hotel?
   -Sí, nosotros sí, porque los padres de mi amigo … mucho dinero. Ellos pagan el hotel.
2. -¿ … tú mi llave, Andrés?
   -Yo no, yo no … tu llave.
3. Montse no … tiempo para tomar un café con Jacques, porque (ella) … trabajar.
   Jacques … tomar el café él solo.
4. -Hola, Juan, ¿qué haces?
   - … esperar a Carlos.
   -¿… (tú) tiempo mañana?
   -No, mañana … (yo) estudiar.

E 2.5 Ensalada de palabras[1]

Bilden Sie Sätze.

tener vacaciones mal
pagar durante andar
hablar
pueblo ser hotel portero
verano amable
español bien padres
me dinero
rico ligar tener que llamar

E 2.6 En la recepción

Ergänzen Sie, wenn notwendig, mit "a/al/de/del".

1. "Hotel internacional necesita … chicos para los meses de verano".
2. Carlos necesita … dinero para pagar … sus estudios.
3. Paola saluda … portero … hotel.
4. El periodista habla con el médico … hotel.
5. Nosotros esperamos … amigo … Paola.
6. La señora necesita … la llave …su habitación.
7. Esta es la llave … periodista belga.
8. Don José entrega … la llave … portero del hotel.
9. Jacques saluda … Montse.
10. Montse tiene … dos hermanos.

---

[1] ensalada de palabras: *Wortsalat*

E 2.7 El es él y yo soy yo

Bilden Sie drei Sätze über die Personen der Lektionen 1 und 2.

Ejemplo:

Jacques es un periodista belga. Habla bastante bien el español,
pero no trabaja en España.
En verano pasa las vacaciones en la Costa Brava.

Carlos ...
Karin ...
Paola ...
Manolo ...
Yo ...

E 2.8 ¿Tiene razón[1]?

Berichtigen Sie die Aussagen anhand der im Text der Lektionen 1 und 2 enthaltenen Angaben.

Ejemplo: Carlos es catalán.
No, Carlos no es catalán, es andaluz.

1. Usted es español/a, ¿verdad?
2. Jacques es profesor de alemán.
3. Montse es la amiga de Jacques.
4. Jacques es un chico gordo.
5. Paola es inglesa.
6. Paola trabaja en España.
7. Usted es portero/a.
8. Don José es joven.
9. Carlos no trabaja.
10. Paola liga con Jacques.

E 2.9 ¿Con acento o sin él?

Mit oder ohne Akzent? Die fett gedruckte Silbe ist betont.

1. **co**mico
2. fanta**si**a
3. **gra**cias
4. ac**cion**
5. mo**tor**
6. An**to**nio
7. **mi**nimo
8. televi**sion**
9. poli**ci**a
10. **ca**mara
11. demo**cra**cia
12. Cana**da**

---

[1] tener razón: *Recht haben*

E 2.10 ¿No eres Isabel?

Sie haben falsch gewählt; reagieren Sie.

Ejemplo:

	riiing ... riiing ...
Isabel	¡Diga[1]!
José Luis	Hola, Inés, ¿qué tal?
Isabel	¿Cómo? Yo no soy Inés.
José Luis	¿No es el número 9 3 5 6 0 2?
Isabel	No, no; este es el número 9 3 6 5 0 2.
José Luis	¡Perdón!
Isabel	¡No importa[2]!

1. Miguel	5 8 0 3 1 7 4	5 8 3 0 7 1 4
2. Paola	2 5 7 9 1 0 6	2 5 9 7 0 1 6
3. Jacques	8 0 5 4 6 9 7	8 9 5 4 6 0 7
4. Andrés	7 6 3 1 0 8	6 7 1 3 8 0
5. Isabel	3 4 2 9 5 8	3 2 4 9 8 5

E 2.11 Es muy joven y gana mucho

Ergänzen Sie die Aussage mit “muy” *oder* “mucho”.

Ejemplo:	Antonio estudia. Antonio estudia mucho.	Ana es inteligente. Ana es muy inteligente.

1. Andrés trabaja.
2. Su amigo Juan es alto.
3. Tiene dos amigos gallegos que son gordos.
4. Paola habla idiomas.
5. Aquellas blusas son feas.
6. Sabine tiene amigas y son guapas.
7. Jacques pasa horas en el bar[3].
8. En la Costa Brava hay pueblos bonitos[4].

---

[1]diga: *(am Telefon) Hallo!* [2]no importa: *es macht nichts* [3]el bar: *die Kneipe* [4]bonito/a: *hübsch (Sachen, Orte, Landschaft)*

E 2.12 ¿Con o sin artículo?

Setzen Sie, wo nötig, den Artikel ein.

1. "Esta es su habitación, ... señor."
2. ... señor deja la llave en la recepción.
3. "Buenos días, ... señora López."
4. La carta de ... señores Sánchez es de Nueva York.
5. ... señora extranjera no habla español.
6. "¿Es usted argentino, ... señor Frascati?"

**

E 2.13 En castellano

Ana und Luisa sind Studentinnen aus Andalusien. Wie viele Studenten haben sie nicht viel Geld. Deshalb wollen sie den Sommer über arbeiten. Sie sprechen ein paar Fremdsprachen. Während der Ferien arbeiten sie im Hotel "Marivent" an der Costa Brava.
In diesem Hotel arbeitet auch Alberto. Auch er ist Andalusier. Alberto spricht mit Joe. Joe ist ein junger Amerikaner. Er studiert Informatik und verbringt die Ferien in diesem Hotel. Er spricht Spanisch, aber nicht sehr gut.
Ein älterer Herr gibt seinen Schlüssel an der Rezeption ab. Alberto spricht mit ihm. "Sind Sie don José Calvo? Carlos hat einen Brief für Sie".

** A cantar

Tres hojitas, madre

Tres hojitas, madre,
tiene el arbolé,
la una en la rama,
las dos en el pie,
las dos en el pie,
las dos en el pie.
Inés, Inés, Inesina, Inés.

Dábales el aire,
meneábanse;
dábales el aire,
jaleábanse,
jaleábanse,
jaleábanse.
Inés, Inés, Inesina, Inés.

Arbolito verde
secó la rama,
debajo del puente
retumba el agua,
retumba el agua,
retumba el agua.
Inés, Inés, Inesina, Inés.

LECCIÓN 3

Estamos de paso

Son las siete y media de la tarde. Un coche con matrícula de Oviedo y tres personas dentro para delante de un hotel. Es el hotel “Los Infantes”, de tres estrellas. Está cerca de la carretera nacional y no muy lejos del centro. Los viajeros están cansados y buscan habitación para pasar la noche. Son don Vicente, un señor gordo y con boina, su mujer y su hijo. Don Vicente baja del coche y entra en el hotel.

Don Vicente ¿Tienen ustedes habitaciones libres?

Recepcionista Sí, señor, todavía quedan algunas. ¿Cuántas desea?

Don Vicente Dos, una individual y una doble.

Recepcionista Vamos a ver... Lo siento, individuales ya no hay. Están todas ocupadas.

Don Vicente Está bien, entonces dos dobles. ¿Hay ducha en las habitaciones?

Recepcionista Sí, señor, las habitaciones dobles tienen baño completo.

Don Vicente ¿Cuánto cuestan las habitaciones?

Recepcionista Son siete mil pesetas por noche sin desayuno. ¿Para cuántas noches?

Don Vicente Sólo esta noche, estamos de paso.

Recepcionista Bien. Son las habitaciones 22 y 23. Aquí a la izquierda tienen ustedes el ascensor.

Don Vicente ¿A qué hora está abierto el restaurante?

Recepcionista La cena es a partir de las nueve. El comedor está al fondo del pasillo, a la derecha. Ahora todavía está cerrado. ¿Me deja su carnet, por favor?

¡Usted disculpe!

Después de llevar las maletas y el resto del equipaje a su habitación, don Vicente baja a reclamar. Su mujer no está contenta con las habitaciones. No están arregladas ni limpias.

Don Vicente Oiga, mire, en las habitaciones las camas están sin hacer. En el baño no hay jabón y las toallas están sucias.

Recepcionista ¿Están sucias? ¡Ah, claro! Es que la chica que normalmente arregla estas habitaciones está enferma. Ahora mismo aviso a su compañera. En media hora, más o menos, están listas. ¡Usted disculpe!

Don Vicente Bueno, no importa, tomamos un café entretanto.

Recepcionista Luego, si es tan amable, tiene que quitar el coche de delante del hotel. En esta calle está prohibido aparcar. Detrás del hotel hay suficientes aparcamientos para los clientes.

Don Vicente Sí, claro, en seguida.

Gramática

G 3.1 Die Grundzahlen II *Los números cardinales*

13 trece	21 veintiuno/a
14 catorce	22 veintidós
15 quince	23 veintitrés
16 dieciséis	24 veinticuatro
17 diecisiete	25 veinticinco
18 dieciocho	26 veintiséis
19 diecinueve	27 veintisiete
20 veinte	28 veintiocho
	29 veintinueve

◆ Beachte die Schreibung und Akzentsetzung:
diez ↔ dieciséis...
dieciséis, veintidós, veintitrés, veintiséis

◆ **Beachte**: veintiún marcos/veintiuna pesetas (vgl. G 2.3)
◆ 1000 mil (unveränderlich)
mil pesetas
quince mil pesetas

G 3.2 Die Uhrzeit *La hora*

¿**Qué hora es**? **Son** las siete y media.
Es la una (en punto).

◆ Uhrzeitangabe mit **ser** und femininem Artikel

¿**A qué** hora está abierto? A las nueve.
Son las dos **y** cuarto.
Son las tres **y** media.
Son las cuatro **menos** veinte.
Son las seis **menos** cuarto.

◆ **a las** ... : *um ... Uhr*
◆ **y** ... : *bis einschließlich halb ...*

◆ **menos** ... : von *halb* ... bis zur nächsten vollen Stunde

A las ocho **de la mañana**.
Las siete y media **de la tarde**.
A las nueve **de la noche**.

◆ zur näheren Bestimmung der Uhrzeit:
de la mañana/de la tarde/de la noche

en punto

y cuarto

y media

menos cuarto

Son las dieciséis horas, quince minutos.

◆ offizielle Zeitangabe bei Rundfunk, Fernsehen, Verkehrsmitteln

G 3.3 Das Verb "estar"

estoy **estás** **está** **estamos** **estáis** **están**

G 3.4 Der Gebrauch von "ser" und "estar" *El uso de "ser" y "estar"*

	ser wird verwendet bei
Blanca **es** traductora. Carlos **es** andaluz. **Es** de Córdoba. Jacques **es** protestante.	♦ Beruf, Nationalität, Herkunft, Religion
El coche **es** de don Vicente.	♦ Besitzangabe
Jacques **es** muy majo. Montse **es** alta y morena.	♦ Charaktereigenschaften und Erkennungsmerkmalen (Form, Farbe, Größe)
Ya **es** tarde. **Son** las cinco. **Es** verano.	♦ Uhr-, Tages- und Jahreszeit
	estar wird verwendet bei
Ella **está** en el hotel.	♦ Ortsangabe
La habitación **está** sucia. Los viajeros **están** cansados. Montse **está** hoy muy guapa.	♦ Zustand/Befinden/Aussehen im Augenblick (unabhängig von der Dauer!)
El restaurante **está** abierto.	♦ Ergebnis einer Handlung

G 3.5 "hay" und "está"/"están"

	hay: unbestimmt, wird verwendet bei
¿No **hay ingleses** en este hotel?	♦ Substantiv ohne Artikel (außer Eigennamen)
En esta calle **hay un hotel.**	♦ Substantiv mit unbestimmtem Artikel
Aquí **hay dos cartas** para usted.	♦ Zahl (ohne Artikel)
Este año **hay muchos turistas** aquí.	♦ unbestimmtem Zahlwort (*mucho, poco, algo,...*)
	estar: bestimmt, wird verwendet bei
Jacques está con Sabine.	♦ Eigennamen
El periódico de hoy está aquí.	♦ Substantiv + best. Artikel
Estos países están lejos.	♦ Substantiv + Demonstrativpronomen
Mi coche está sucio.	♦ Substantiv + Possessivpronomen
Yo mañana no **estoy** en Cadaqués.	♦ Personalpronomen (*yo/tú/él...*)

G 3.6 Ortsangaben

a la derecha (de)	*rechts (von)*	delante (de)	*vor*
a la izquierda (de)	*links (von)*	detrás (de)	*hinter*
encima (de)	*auf*	debajo (de)	*unter*
al lado (de)	*(da)neben*	en el centro (de)	*in der Mitte/mitten in*

Ejercicios

E 3.1 Hablando se entiende la gente[1]

1. ¿De dónde son las personas que buscan una habitación?
   ¿Cómo es y dónde está el hotel?
   ¿Por qué no toma don Vicente una habitación doble y otra[2] individual?
   ¿Cuántas noches quieren pasar en el hotel y por qué?
   ¿A qué hora es la cena en el restaurante del hotel? ¿Y en su país?

2. ¿Por qué baja don Vicente a reclamar?
   ¿Cómo están las habitaciones y por qué?
   ¿Por qué no deja don Vicente el coche delante del hotel?

E 3.2 Los números

Erinnern Sie sich an die Zeit, als Sie das Einmaleins gelernt haben?
Üben Sie es abwechselnd mit Ihrem Nachbarn / Ihrer Nachbarin nach dem Beispiel.

Ejemplo: 6 + 5 = ? × 2 = ? - 10 = ? × 2 =

6 + 5 = 11 (seis y cinco, once)
11 × 2 = 22 (once por dos, veintidós)
22 - 10 = 12 (veintidós menos diez, doce)
12 × 2 = 24 (doce por dos, veinticuatro)

a) 13 + 7 = ? + 6 = ? - 13 = ? + 4 = ? - 9 =
b) 14 - 8 = ? × 4 = ? - 20 = ? × 3 = ? + 4 =
c) 19 + 9 = ? - 7 = ? + 4 = ? - 16 = ? × 2 =
d) 15 + 3 = ? + 8 = ? - 17 = ? × 3 = ? + 2 =

[1]Hablando se entiende la gente : *Man muss nur miteinander reden* [2]otro/a : *ein anderer/eine andere*

E 3.3 ¿Qué hora es?

Unterhalten Sie sich mit Ihrem Nachbarn / Ihrer Nachbarin wie im Beispiel.

1. ☺ ¿Qué hora es en el reloj[1] de la recepción del hotel "Los Infantes".
   ☻ Son las ... .

2. ☺ ¿Qué hora es en Madrid?
   ☻ En Madrid son ... .
   ☺ ¿Y en Nueva York?
   ☻ En Nueva York son ... .

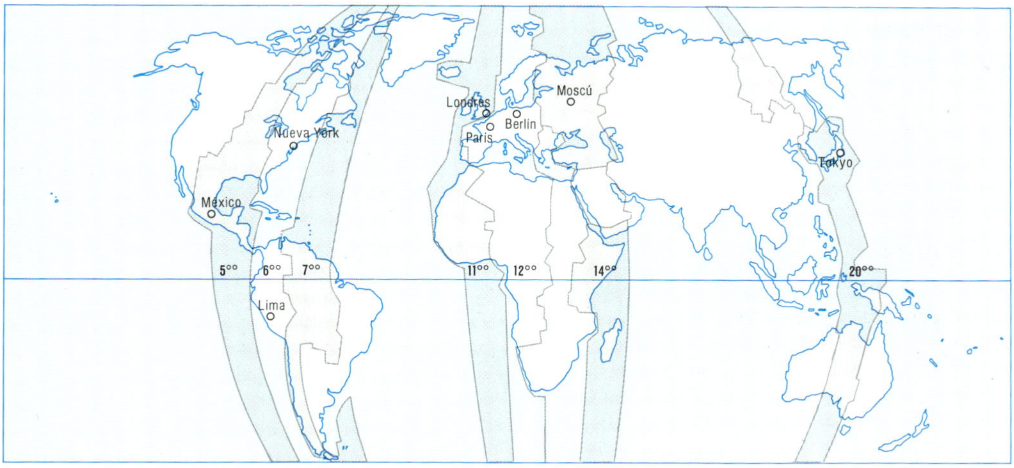

E 3.4 ¿Cómo estás?

☺ Hola, ¿qué tal, cómo (tú) ... ?
☻ Yo ... bien ¿y tú?
☺ Yo ... muy contenta porque hoy no tengo clase[2].
☻ ¿No tienes clase?
☺ No, el profesor de matemáticas ... enfermo.
¿... invitada tú también al cumpleaños de Carlos?
☻ Sí, Juan Luis y yo también ... invitados.
☺ ¿Y dónde ... José Luis ahora?
☻ No sé, creo que ... con sus padres.

Unterhalten Sie sich nun mit Ihrem Nachbarn/Ihrer Nachbarin.

Menú:

estar de buen humor *gut gelaunt sein*	estar de mal humor *schlecht gelaunt sein*	estar de vacaciones *in Urlaub sein*	estar en casa de... *bei ... sein*

[1] el reloj : *die Uhr* [2] tener clase : *Unterricht haben*

E 3.5 Ser o no ser, esa es la cuestión

Bilden Sie Sätze mit "ser" *oder* "estar".

Carlos

un joven andaluz
estudiante
en el hotel
moreno
muy majo
contento

Montse

joven
la hija mayor
amiga de Carlos
en casa de sus padres
de buen humor
invitada a la fiesta

las habitaciones

dobles
libres
sucias
abiertas
caras

Don Vicente, su mujer y su hijo

delante del hotel
turistas venezolanos
de paso
cansados
tres personas

E 3.6 ¿Está o hay?

1. Baja una señora a la recepción:
   -Aquí … una carta para usted, doña Rosa.
   -Muchas gracias. ¿… usted el fin de semana aquí, Carlos?
   -Sí, claro, yo … esta semana aquí.
   -Muy bien.
2. Los turistas preguntan:
   -¿Hoy no … autobús a Barcelona?
   -Sí, claro que … , pero en esta calle no … paradas[1]. La parada … en la calle Rosas.
3. La chica que trabaja con Carlos en el hotel … hoy de viaje[2]. Carlos … solo en la recepción.
   … cansado porque … mucho trabajo. En la vida … días buenos y malos, claro está.

---

[1]la parada: *die Bushaltestelle* [2]estar de viaje: *verreist sein*

E 3.7 ¿Dónde hay? ¿Dónde está?

Stellen Sie Fragen und geben Sie eine sinnvolle Antwort.

Ejemplo: ¿la catedral? final de la calle - derecha.
☺ ¿Dónde está la catedral, por favor?
☻ La catedral está al final[1] de esta calle, a la derecha.

1. ¿un banco?	sobre la mesa[2]
2. ¿un restaurante?	en la habitación
3. ¿el dinero, mamá?	en la plaza ... uno
4. ¿el aparcamiento?	Costa Brava
5. ¿la llave?	uno al final de la calle
6. ¿el hotel los Infantes?	en la recepción
7. ¿el Museo del Prado, por favor?	en la plaza ... dos o tres
8. ¿Cadaqués?	el Paseo del Prado
9. ¿Machu Picchu?	sí, mucho
10. ¿mucho trabajo en el hotel?	Perú
11. ¿Carlos?	hoy no ... aquí

E 3.8 Conversación telefónica

Rollenspiel

Sie haben für Spanisch sprechende Freunde in Ihrer Heimat ein Hotelzimmer bzw. eine Gastfamilie besorgt. Bei einem späteren Anruf möchten eben diese Freunde - die kein Deutsch verstehen - alles über das Zimmer im Hotel bzw. über die Familie wissen. Sie sind gerne bereit, diese Informationen auf Spanisch zu geben.

a) Hotel Vorhof
☆☆☆
nicht sehr teuer
nicht weit vom Zentrum
Zimmer mit Bad
Telefon und Fernseher im Zimmer
nettes Personal
usw.

b) Familie Fröhlich
junge Familie
zwei Kinder (Mädchen und Junge)
etwas weit von der Stadtmitte
schönes Einzelzimmer
etwa DM 25,- pro Tag
die Frau spricht etwas Spanisch
usw.

---

[1] al final: *am Ende* [2] sobre la mesa: *auf dem Tisch*

E 3.9 El hotel de las mil maravillas[1]

Sagen Sie, wo sich die Gegenstände bzw. die Personen befinden. Verwenden Sie dafür "hay" *oder* "está/án".

Menú:

a la izquierda, a la derecha, delante, detrás, encima, al fondo, aquí al lado, debajo

[1] la maravilla: *das Wunder(bare)*

E 3.10 En la recepción

Sie fragen nach Übernachtungsmöglichkeiten für sich und Ihre Familie.

Begrüßung
Sind noch Zimmer frei?
Einzel- Doppelzimmer?
Preis?
mit Dusche/Bad?
mit/ohne Frühstück?
Sie nehmen das Zimmer (nicht).
Sie möchten zu Abend essen.
Wann ist das Restaurant offen?
Parkmöglichkeiten?
Abschied
usw.

Ficha de un hotel

Nombre:	Los Infantes
Categoría:	*** (= tres estrellas)
Dirección:	Avenida El Dorado 1, Santillana del Mar (Cantabria)
Teléfono:	18 18 00
Precios:	habitación doble con baño: temporada alta, 9.000 (= nueve mil) ptas. temporada baja, 5.000 (= cinco mil) ptas. más 6% (= por ciento) de IVA
Tarjetas de crédito:	American Express, Visa, Eurocard, Diners Club
Número de habitaciones:	25
Instalaciones:	bar, restaurante, discoteca, teléfono en cada habitación, televisión en color
Horario de comidas:	Desayuno de 8 a 10 Almuerzo de 13 a 15 Cena de 21 a 23

E 3.11 Así se dice[1]

Was passt wozu?

1. -¿Tengo que quitar el coche de aquí?
   -Sí, por favor, ...
2. -¡Oiga, las toallas están sucias!
   -Claro, ... la habitación todavía está sin arreglar.
3. -¿Tienen ustedes habitaciones libres?
   -No ... .
4. -¿Está permitido[2] aparcar el coche aquí?
   -No, ... , no está permitido.
5. -¿No tiene usted una habitación con baño?
   -¿Con baño? ... .
6. -Tienen ustedes que esperar un momentito[3].
   -Bueno, ...

ya no quedan
es que
no importa
vamos a ver
lo siento
si es tan amable

[1] así se dice: *so sagt man* [2] está permitido: *es ist erlaubt* [3] un momentito: *ein Augenblick/Moment*

E 3.12 Un viaje por tierras de habla alemana

Eine Reise durch deutschsprachige Länder:
Sie fragen Ihren Nachbarn/Ihre Nachbarin nach einer Stadt auf der Karte und dem betreffenden (Bundes)land.

¿Qué ciudad[1] es el número 1?
¿Y dónde está?

Aquisgrán (Aachen)
Augsburgo
Berlín
Colonia (Köln)
Dresde
Francfort
Hamburgo

Coblenza
Constanza
Maguncia (Mainz)
Múnich
Núremberg
Ratisbona (Regensburg)
Tréveris (Trier)

Alemania
Austria
Suiza

Baden-Württemberg
Baja Sajonia
Brandemburgo
Baviera
El Sarre
Hesse
Mecklemburgo-Antepomerania
Renania del Norte Westfalia
Renania-Palatinado
Sajonia
Sajonia-Anhalt
Schleswig-Holstein
Turingia

Salzburgo
Viena

Berna
Basilea (Basel)
Ginebra (Genf)
Zúrich

[1]la ciudad: *die Stadt*

⁂

E 3.13 En castellano

Don Vicente ist mit seiner Familie auf der Durchreise. Um acht Uhr abends hält er vor einem Hotel. Seine Frau und sein Sohn sind müde. Don Vicente fragt an der Rezeption nach einem Zimmer. Er will ein Einzel- und ein Doppelzimmer, aber die Einzelzimmer sind alle belegt. Zwei Doppelzimmer mit Bad sind noch frei. Nachdem er das Gepäck in das Zimmer gebracht hat, geht Don Vicente zur Rezeption hinunter und beschwert sich. Seine Frau ist mit den Zimmern nicht zufrieden. Die Betten sind nicht gemacht und das Bad ist nicht sauber.

⁂ A cantar

Los reyes de la baraja

Si tu madre quiere un rey,
la baraja tiene cuatro:
rey de oros,
rey de copas,
rey de espadas,
rey de bastos.
Corre que te pillo, corre que te agarro,
mira que te lleno la cara de barro.

Del olivo me retiro,
del esparto yo me aparto,
del sarmiento me arrepiento
de haberte querido tanto.

(canción de Castilla)

LECCIÓN 4

Montse busca trabajo

Aunque Montse vive y come en casa de sus padres, con el dinero de la beca no tiene suficiente para los gastos de todo el año. Por eso busca un trabajillo para los meses de verano. Todos los días mira los anuncios en los periódicos.

Por la mañana, antes de desayunar, baja a la calle y compra dos o tres periódicos en el quiosco de la esquina. En la panadería de al lado compra una barra de pan y regresa a casa. Antes de subir al piso, abre el buzón y saca la propaganda que meten allí todos los días.

Montse Mira, mamá, en "La Vanguardia" de hoy hay un anuncio interesante. Una agencia de viajes necesita chicas con conocimientos de idiomas.

Mamá ¿Aquí en Cadaqués?

Montse No, aquí no, en Barcelona.

Mamá Pues entonces tienes que llamar en seguida, creo yo.

Montse Todavía tengo tiempo, mamá. Es demasiado pronto, son las nueve menos cuarto. Las agencias no abren hasta las diez.

Mientras Montse lee el "Avui", su madre prepara un desayuno poco español: café con leche, pan, mantequilla, mermelada y un huevo pasado por agua. En su casa siempre desayunan fuerte.

Al teléfono

Después de ayudar a su madre a quitar la mesa, llama por teléfono. Marca el número 3 64 97 59 (tres - sesenta y cuatro - noventa y siete - cincuenta y nueve). Curiosamente contestan en castellano.

Empleada Agencia Trotamundos, ¡dígame!
Montse Hola, buenos días. Mire, llamo por su anuncio en "La Vanguardia". Ustedes buscan chicas con conocimientos de idiomas, ¿verdad?
Empleada Sí, eso es. ¿Y qué idiomas habla usted, señorita?
Montse Hablo inglés y un poco de alemán.
Empleada Ah, muy bien. ¿Y cuántos años tiene?
Montse Tengo veintiuno.
Empleada ¿Tiene usted experiencia como azafata?
Montse No mucha, la verdad.
Empleada Bueno, pues entonces tiene usted que pasar por nuestra oficina y hablar con el jefe, ¿de acuerdo?
Montse Bien, de acuerdo, paso mañana a primera hora.

Mucha suerte!

A mediodía llama su amiga Nuria por teléfono.

Nuria ¿Vamos mañana a la playa, Montse?
Montse No, mañana no estoy aquí. Tengo que ir a Barcelona.
Nuria ¿A Barcelona? ¿Vas de compras?
Montse No, voy a hablar con el jefe de una agencia de viajes. Buscan chicas con conocimientos de idiomas, ¿sabes?
Nuria ¿Vas tú sola? Si vas en coche, voy contigo.
Montse No, va Carlos conmigo. Además vamos en autobús. El coche de Carlos está en el taller.
Nuria ¡Ah, bueno! Pues entonces, mucha suerte.
Montse Gracias, Nuria.

Gramática

G 4.1 Die Verben auf "-er" und "-ir"

comer	como	-o	vivir	vivo	-o	Betonung: unterstrichene Silbe (vgl. G 2.1)
	comes	-es		vives	-es	
	come	-e		vive	-e	
	comemos	-emos		vivimos	-imos	
	coméis	-éis		vivís	-ís	
	comen	-en		viven	-en	

G 4.2 Das Verb "ir" und seine Verwendung

voy	**Voy a** la agencia.	♦ **ir a** + Substantiv (zur Angabe des Ziels)
vas		
va	Carlos **va en** autobús.	♦ **ir en** coche/tren/autobús, ... (Verkehrsmittel)
vamos		
vais	Montse **va a** la agencia **andando.**	♦ **ir a pie/ir andando**: *zu Fuß gehen*
van		

G 4.3 Die Präpositionen "por" und "para" *Las preposiciones "por" y "para"*

por	Llaman por el anuncio.	♦ Ursache oder Grund *(wegen)*
	Montse llama por teléfono.	♦ Mittel
	Tiene que pasar por la oficina.	♦ Ortsangabe *(durch, an ... vorbei)*
	Llamo mañana por la tarde.	♦ Angabe des Zeitraums
para	Trabaja para ganar dinero.	♦ Zweck *(um ... zu)*
	La carta es para una amiga.	♦ Bestimmung *(für)*
	Busco un trabajo para el verano.	♦ Termin *(für, bis)*

G 4.4 Der Artikelgebrauch bei "todo"

Los gastos de **todo el año** son muchos. **Todos los días** mira los anuncios. Saluda a **todas sus amigas.** Están aquí **toda esta semana.**	♦ Zwischen **todo, -a,** *(ganz)* bzw. **todos, -as** *(alle, jede/r/s)* und dem folgenden Substantiv steht der entsprechende bestimmte Artikel bzw. das Possessiv- bzw. Demonstrativpronomen.

G 4.5 Altersangabe *La edad*

¿Cuántos años tienes? Tengo veintiuno. / Tengo veintiún años.	♦ Das Alter wird im Spanischen durch **tener ... años** ausgedrückt.

G 4.6 Die Grundzahlen III *Los números cardinales*

30	treinta	31	treinta y uno/una	♦ treinta y **un** marcos; treinta y **una** pesetas
40	cuarenta	42	cuarenta y dos	
50	cincuenta		etc.	
60	sesenta			
70	setenta			
80	ochenta			
90	noventa			
100	cien			♦ **cien** páginas; **cien** marcos
	ciento			**ciento** treinta y cuatro

G. 4.7 Die Possessivpronomen II *Los posesivos*

Tiene usted que pasar por **nuestra** oficina.	nuestr**o/a/os/as**
¿Dónde están **vuestros** padres?	vuestr**o/a/os/as**
Las chicas hablan con **sus** amigos.	su/sus
	♦ In der 1. und 2. Person Plural richtet sich das Possessivpronomen in Geschlecht und Zahl nach dem zugehörigen Substantiv. (vgl. Adjektive, G 1.3)

G 4.8 Die spanischen Entsprechungen für "bei" und "zu"

Montse vive **en casa de** sus padres.	♦ ***bei:*** wenn es sich auf Personen bezieht: **en casa de**;
En mi país/en España hay muchos hoteles.	in anderen Fällen durch genaue Angabe des Ortes
Carlos va **a casa de** su amiga.	♦ ***zu:*** bezogen auf Privatpersonen: **a casa de**;
Tengo que ir **al** médico.	bei bestimmten Berufen nur **a** (+ Artikel)

G 4.9 Unpersönliche Konstruktion

Meten mucha propaganda en los buzones. *man wirft ... ein/ ... wird eingeworfen* Contestan en castellano. *Man antwortet auf Spanisch.*	♦ Bei Sätzen ohne Angabe eines konkreten Subjekts entspricht die 3. Person Plural dem deutschen "man" bzw. dem Passiv.

Ejercicios

E 4.1 Un día importante para Montse

1. ¿Dónde vive Montse?
   ¿Come todos los días en un restaurante?
   ¿Trabaja Montse todo el año?
   ¿Cómo busca Montse trabajo?
   ¿Qué periódicos mira?
   ¿A qué hora mira Montse los periódicos?
   ¿Para qué abre Montse el buzón?
   ¿Por qué no llama antes de desayunar?
   ¿Qué prepara la madre para desayunar?
2. ¿A qué hora abren las oficinas en su país?
   ¿Qué desayuna usted normalmente?
3. ¿Con quién habla Montse por teléfono después de desayunar?
   ¿Para qué tiene Montse que pasar por la oficina?
4. ¿Qué idiomas habla usted? ¿Bien?

E 4.2 ¿Dónde vives?

Ergänzen Sie den Dialog und bilden Sie dann ähnliche Dialoge.

Paola Hola, Miguel, ¿qué tal?
Miguel Bien, ¿y tú?
Paola Bien, gracias. ¿Qué (hacer, tú) aquí? ¿(Vivir, tú) en esta calle?
Miguel No, no (vivir, yo) aquí. (Esperar, yo) a Carlos.
Paola ¿(Vivir) aquí Carlos?
Miguel No, no (vivir, él) aquí. El (trabajar) en este hotel. Carlos (vivir) en casa de sus padres.
Paola Y tú ¿dónde (vivir) ?
Miguel Manolo, Juan y yo (vivir) en un piso compartido[1].
Paola ¿(Vivir) sólo vosotros tres en el piso?
Miguel No. También (vivir) dos chicas con nosotros. (Ser, nosotros) cinco en total[2].

[1] el piso compartido: *die Wohngemeinschaft* [2] en total: *insgesamt*

E 4.3 ¿Adónde van y cómo?

Ejemplo: Don José - hotel - cine[1] 

Don José va del hotel al cine en taxi.

1. Carlos — casa > hotel 

2. Jacques — París > Cadaqués 

3. Mis padres — Madrid > México 

4. Andrés — Cuba > Puerto Rico 

5. Montse — hotel > casa 

6. Isabel — Cochabamba > Lima 

7. Juan Luis — Santiago > Valdivia 

Nun sagen Sie, wie Sie zur Schule/Arbeit/zum Einkaufen usw. fahren/gehen.

E 4.4 ¡Vamos!

Bilden Sie Sätze mit "ir" *und den passenden Präpositionen.*

1. Carlos - todos los días - el hotel - bicicleta.
2. Montse y Sabine - mañana - Barcelona - autobús.
3. (Ellas) - no - el coche de Carlos porque está en el taller.
4. Nosotros - casa - bicicleta.
5. ¿Cómo - vosotros - la fiesta?
6. ¿Por qué no - tú - la agencia?

E 4.5 Un juego[2] de cálculo mental

Wer ist gut im Kopfrechnen?
Stellen Sie sich gegenseitig Rechenaufgaben.

Ejemplo: 32 + 20 = ? + 8 = ? - 18 = ? - 5 = ? + 60 = 97

☺ treinta y dos más veinte	☻ cincuenta y dos
☺ más ocho	☻ sesenta
☺ menos dieciocho	☻ cuarenta y dos
☺ menos cinco	☻ treinta y siete
☺ más sesenta	☻ noventa y siete

---

[1] el cine: *das Kino* [2] el juego: *das Spiel*

E 4.6 ¿Quién hace qué, dónde, cuándo, cómo y por qué?

Zu welchen Fragen passen folgende Antworten?

1. Yo subo *en ascensor.*
2. Montse busca *un trabajillo.*
3. Jacques es *periodista.*
4. Montse compra el periódico *en el quiosco.*
5. Don José entrega la llave *en la recepción.*
6. Contestan *en castellano.*
7. Montse compra *una barra de pan.*
8. Trabaja *porque necesita dinero.*
9. Tienen que trabajar *para pagar los estudios.*
10. Llama *por el anuncio.*

E 4.7 ¡Qué problema con "por" y "para"!

Bilden Sie Sätze mit der Präposition "por" *oder* "para".

1. Carlos - trabajar - ganar dinero.
2. Yo hoy - no - tener clase - la tarde.
3. En la recepción hay una carta - don José.
4. ¿Llamar - usted - el anuncio?
5. Nosotros - tener que pasar - la agencia.
6. Esta carta - no - ser - Manolo; - ser - su amiga.
7. Con el dinero de la beca - yo no - tener suficiente - todos mis gastos.
8. Montse - ir a - comprar el pan - el desayuno.
9. ¿Cuándo - pasar - vosotros - mi casa?
10. Ellos - tener que - preparar el desayuno - las ocho.
11. Cuando - nosotros - ir a España en coche o en tren - pasar - Francia.

E 4.8 Todas las tardes veo la tele[1]

Ergänzen Sie mit "todo/toda/todos/todas" *und dem passenden Artikel.*

1. Estos chicos no trabajan ... días aquí.
2. Yo paso ... tarde en casa.
3. Montse mira ... anuncios de "La Vanguardia".
4. Carlos deja ... llaves en la recepción.
5. Nosotros buscamos ... veranos un trabajillo.
6. No ... extranjeros hablan español.
7. Nosotros pasamos ... mes en la costa.
8. No tiene suficiente dinero para los gastos de ... año.
9. Montse desayuna café con leche ... días.

---

[1] ver la tele: *fernsehen*

10. ... mañanas baja a la calle para comprar el periódico.
11. No ... anuncios son interesantes para ella.
12. Karin pasa ... mañana en Barcelona.
13. ... días llega tarde al trabajo.
14. No ... chicas que trabajan en la agencia son catalanas.
15. Yo creo que ... estudiantes andan mal de dinero.

E 4.9 Mi casa es tu casa

Ergänzen Sie mit dem zur Person passenden Possessivpronomen.

Ejemplo: Trabajáis en un hotel, ¿verdad?
¿Es interesante vuestro trabajo?

1. Tienen trabajo, pero ... trabajo no es muy interesante.
2. - ¿Cómo es ... jefe, Montse? - ... jefe es un señor mayor.
3. Tienen que hablar con el portero de ... hotel.
4. Nosotras no hablamos siempre de ... trabajo.
5. Todos tenemos ... problemas[1].
6. Carlos y ... amigos estudian informática.
7. ¿Es verde ... *(euer)* coche? - Sí, ... coche es verde.
8. - Mira, Carlos, yo necesito trabajo, ¿por qué no hablas con ... jefe?
   - Mañana, quizás; hoy ... jefe está de viaje.

E 4.10 Vamos a casa de Montse. Vive en casa de sus padres.

Übertragen Sie ins Spanische.

1. Wir fahren alle zu mir.
2. Sie essen heute bei uns.
3. Die Gäste gehen zu Fuß zu Carlos.
4. Montse muss zum Reisebüro fahren.
5. Karin und Paola verbringen den Nachmittag bei mir.
6. Montse wohnt bei ihren Eltern.
7. Auch bei uns in Deutschland gibt es viele Touristen.
8. Don Vicente muss zum Arzt gehen.

---

[1] el problema: *das Problem*

E 4.11 Un juego de letras

Ein Ratespiel mit Buchstaben

Sie überlegen sich ein Wort aus dem bis jetzt bekannten Wortschatz. Für jeden Buchstaben ziehen Sie einen kleinen Strich. Ihr Nachbar/Ihre Nachbarin schlägt dann Buchstaben (auf Spanisch!) vor, die möglicherweise im Wort enthalten sind. Falls das zutrifft, setzen Sie den entsprechenden Buchstaben an die passende Stelle. Wenn das Wort nach 5 Versuchen noch nicht erraten wurde, ist das Spiel verloren. Anschließend werden die Rollen vertauscht.

Ejemplo: _ _ o _ _ _ _ a ¿Qué palabra es? → problema

Das Alphabet El alfabeto *Der Buchstabe* La letra

A	(a)	H	(hache)	Ñ	(eñe)	V	(uve)
B	(be)	I	(i)	O	(o)	W	(uve doble)
C	(ce)	J	(jota)	P	(pe)	X	(equis)
Ch	(che)	K	(ka)	Q	(ku)	Y	(i griega)
D	(de)	L	(ele)	R	(erre)	Z	(zeta)
E	(e)	Ll	(elle)	S	(ese)		
F	(efe)	M	(eme)	T	(te)		
G	(ge)	N	(ene)	U	(u)		

Die Buchstaben sind feminin: la efe, la uve, la jota, *etc.*

E 4.12 ¡Dígame!

Sie haben eine Annonce gesehen und interessieren sich für den Job. Führen Sie das Gespräch weiter.

Ejemplo: ☺ ¡Dígame!
☻ Hola, buenos días, ustedes buscan chicos/chicas para el verano ¿verdad?

☺ Sí, buscamos chicos/chicas para
→ portero
→ camarero
→ taxista
→ recepcionista
→ azafata
→ telefonista

☺ ¿Qué es usted?
☻ ...
☺ ¿Y cuántos años tiene?
☻ ...

☺ ¡Muy bien! ¿Y cómo se llama usted?
☻ ...
☺ ¿¿¿Cómo??? ¿Deletrea[1] su nombre, por favor?
☻ ...
☺ Bien. Entonces tiene que pasar usted por aquí mañana o pasado mañana.
☻ ...
☺ ¿Que cuánto pagamos? De dinero hablamos personalmente, ¿de acuerdo?
☻ ...
☺ Bien, entonces hasta mañana.
☻ ...

Al teléfono

En España se contesta generalmente:	**¡Diga! / ¡Dígame! ¡Sííí ... !**
En Latinoamérica contestan generalmente:	**¡Aló / ¡Sííí ... !**
En México:	**¡Bueno!**

Casos especiales

En Cataluña contestan:	**¡Digui! / ¡Digui'm!**
En el País Vasco:	**¡Diga! / Bai, ¿esan?** [bayesán] (= Sí, ¿quién es?)

** E 4.13 En castellano

Katrin Hallo, Juan!
Juan Hallo, Katrin! Wie geht's?
Katrin Nicht sehr gut. Ich suche einen Job für den Sommer. Das Geld reicht nicht für alle meine Ausgaben. Hast du schon eine Arbeit für die Ferienmonate?
Juan Nein, auch nicht und ich habe auch kein Geld. Warum suchen wir nicht gemeinsam[2] eine Arbeit?
Katrin Einverstanden. Kaufen wir (uns) ein paar Zeitungen und sehen wir die Anzeigen durch?
Juan Ich gehe zum Kiosk an der Ecke und kaufe die Zeitungen. Aber ich habe nur (noch) zwei Mark fünfzig. Hast du etwas Geld?
Katrin Ja, ich habe 20 Mark. Ich bezahle die Zeitungen und du rufst an. Welche Zeitung kaufen wir? Ich lese die "Frankfurter Rundschau".
Juan In der "Süddeutschen" und in der "Frankfurter Allgemeinen" stehen (sind) auch viele Anzeigen. Kaufen wir die beiden auch?
Katrin Gut, aber wir werden lange (viel Zeit) brauchen. Mal sehen, ob wir Glück haben[3].
Juan Schau mal, hier ist eine interessante Anzeige: Hotel in Frankfurt benötigt junge Leute mit Kenntnissen in Englisch, Französisch und Spanisch für den Empfang.
Katrin Wir müssen sofort anrufen.

---

[1] *deletrear:* buchstabieren [2] *gemeinsam:* los dos, juntos [3] *Glück haben:* tener suerte

LECCIÓN 5

Hola ¿qué deseas?

El jueves Montse se despierta temprano. Se levanta, se lava y se pone guapa para ir a Barcelona. Va a hablar con el director de la agencia y Carlos va con ella. Tienen que ir en autobús porque el coche de Carlos está estropeado. Salen de Cadaqués inmediatamente después de desayunar. Dos horas más tarde llegan a la Plaza de Cataluña. Desde la parada del autobús van directamente a la agencia. Van andando porque no está lejos. Cuando llegan a la agencia, entra Montse sola. Carlos se queda fuera. Para no aburrirse da un paseo tranquilamente por las Ramblas. Media hora después ya está otra vez esperando enfrente de la agencia.

① *Plaza de Cataluña / Plaça de Catalunya*

② *Las Ramblas / Les Rambles*

La empleada de la agencia es una chica joven. Está hablando por teléfono. Habla castellano con acento extranjero. Cuando termina de hablar, pregunta amablemente:

Empleada Hola, ¿qué deseas?
Montse Estoy citada con el director, ¿está?
Empleada ¿Eres tú Montserrat Planas?
Montse Sí, soy yo.
Empleada El jefe no está, está de viaje, pero está el Sr. Guerra, su socio. Está en su despacho hablando con un cliente. En seguida termina. ¿Te importa esperar un momentito?

Montse se sienta en una silla. Mientras espera se pone a mirar uno de los prospectos que hay en la mesa de al lado.

③ *Las Ramblas / Les Rambles*

¡Enhorabuena!

Después de hablar con el Sr. Guerra, Montse sale contenta de la agencia. Carlos ya espera impaciente.

Carlos ¿Qué tal? ¿Todo bien?
Montse Sí, muy bien. Es una agencia que organiza viajes a Latinoamérica. El jefe es venezolano. De momento voy a trabajar cuatro días a la semana, de martes a viernes.
Carlos ¿Y cuándo empiezas?
Montse El martes que viene.
Carlos ¿Y de sueldo?
Montse Estoy contenta, pagan bien.
Carlos ¡Qué suerte, chica! ¡Enhorabuena! ¡Anda, vamos a tomar una copa a tu salud!

④ *Plaza Real / Plaça Reial*

⑤ *Sagrada Familia*

⑥ *Parque Güell / Parc Güell*

⑦ *La Sardana, baile típico de Cataluña*

L 5

¿Adónde quieres ir?

Poco después entra otra chica en la agencia.

Chica Oye, ¿organizáis vosotros viajes a Latinoamérica?
Empleada Sí, claro, es nuestra especialidad. ¿Adónde quieres ir?
Chica Al Perú, principalmente a Cuzco y Machu Picchu.
Empleada Pues mira, aquí tienes un prospecto con precios y condiciones.
Chica ¿Hay que reservar el billete con mucha antelación?
Empleada Normalmente no, pero ahora, en primavera, hay bastante demanda.
Chica Ya, ya, entiendo. Pues, si me decido a hacer el viaje, paso esta tarde otra vez por aquí.
Empleada Hoy no. Hoy es miércoles y los miércoles cerramos por la tarde.
Chica Bueno, pues entonces otro día. Tengo que estudiar detenidamente las condiciones.
Empleada Si piensas reservar el viaje aún para este mes, tienes que decidirte cuanto antes.

La chica coge el prospecto, da las gracias y se va.

① *Machu Picchu, ruinas de una ciudad inca*

Las dos caras de Perú

② *Plaza de Bolívar, Lima*

③ *En el altiplano*

(4) Barrio pobre

(5) Esperando compradores

(7) Una escuela en el campo

(6) Campesinos delante de su casa

(8) Día de mercado

Gramática

G 5.1 Reflexive Verben *Verbos reflexivos*

levantarse	**me**	levanto	♦ Die Formen des Pronomens für Akkusativ und Dativ sind gleich: me (*mich*) levanto me (*mir*) lavo las manos (*die Hände*)
	te	levantas	
	se	levanta	
	nos	levantamos	
	os	levantáis	
	se	levantan	

Montse **se** levanta temprano.

♦ Das Pronomen steht **vor** dem **konjugierten** Verb.

Da un paseo para no aburrir**se**.
¿Dónde está Montse? - Preparándo**se**.

♦ Bei **Infinitiv** und **Gerundio** wird das Pronomen **angehängt**. Beim Gerundio Akzentsetzung beachten!

Carlos **se** queda fuera.
Montse **se** pone a mirar los prospectos.

♦ Eine Reihe von Verben werden im Spanischen mit Reflexivpronomen gebraucht, auch wenn sie im strengen Sinn keine reflexive Bedeutung haben.

La chica da las gracias y **se** va.
¿(**Nos**) vamos a casa?

♦ **ir/irse**: Wird kein Ziel angegeben, so wird **irse** gebraucht; bei Angabe des Ziels steht **ir** oder **irse**.

G 5.2 Klassenverben e → ie *Verbos de irregularidad común*

pensar	p**ie**nso	entender	ent**ie**ndo
	p**ie**nsas		ent**ie**ndes
	p**ie**nsa		ent**ie**nde
	pensamos		entendemos
	pensáis		entendéis
	p**ie**nsan		ent**ie**nden

♦ Bei bestimmten Verben diphthongiert in den stammbetonten Formen des Präsens der Stammvokal **e** zu **ie**. Die endbetonten Formen diphthongieren nicht.

Zu dieser Gruppe gehören unter anderen:

cerrar	*schließen*	empezar	*beginnen*
sentarse	*sich setzen*	comenzar	*beginnen*
despertarse	*aufwachen*	encender	*anzünden, einschalten*

G 5.3 Das Futur mit "ir a"

♦ **ir a + Infinitiv:**

Voy a trabajar cuatro días a la semana.
Ich werde vier Tage in der Woche arbeiten.

– Umschreibung für Futur

Montse **va a hablar** con el director.
Montse will mit dem Chef sprechen.

– Bedeutet zuweilen auch "wollen"

G 5.4 Die Verlaufsform *La forma continua*

La chica está habl**ando** por teléfono. Carlos está com**iendo**. Montse está abr**iendo** el buzón.	♦ **estar** + **Gerundio*** = **Verlaufsform** Die Verlaufsform drückt aus, dass eine Handlung gerade im Gange ist.
***Gerundio:** Verben auf **-ar** → **-ando** übrige Verben → **-iendo**	♦ Das Gerundio ist **unveränderlich.**

Beachte: Gerundio mit "y" bei Verben auf -er oder -ir, deren Stamm auf Vokal endet:
le-er → leyendo; cre-er → creyendo
Gerundio von **ir** → **yendo**

G 5.5 Die Adverbien auf "-mente" *El adverbio derivado*

Carlos da un paseo tranquil**amente**. La chica pregunta amable**mente**.	♦ Das Adverb wird von der femininen Form des Adjektivs abgeleitet; Endung: **-mente** (die Akzentsetzung bleibt dabei unverändert: **difícilmente**).
Montse sale **contenta** de la agencia. Carlos espera **impaciente**.	♦ Wird beschrieben, wie einer Person zumute ist, während sie eine Handlung ausführt, so steht **Adjektiv**.

G 5.6 "medio" und "otro"

Espera media hora. (*eine* halbe Stunde) Entra otra chica. (*ein* anderes/noch *ein* Mädchen)	♦ Bei **medio** und **otro** steht **nie** der unbestimmte Artikel.

G 5.7 "hay que"

¿**Hay que** reservar el billete?	♦ unpersönliche Form: *man muss/es muss ... werden*

G 5.8 Das Verb "dar"

doy	**das**	**da**	**damos**	**dais**	**dan**

Ejercicios

E 5.1 Montse está de suerte[1]

1. ¿A qué hora se levanta Montse y qué hace después de levantarse?
   ¿Por qué va y cómo va Montse a Barcelona?
   ¿Qué hace Carlos mientras Montse está en la agencia?
   ¿Habla Montse en seguida con el director?

2. ¿Va a trabajar Montse toda la semana?
   ¿Qué hace Montse después de salir de la agencia?

3. ¿Qué tipo de viajes organiza esta agencia?
   ¿Adónde quiere ir la otra chica que entra en la agencia?
   ¿Por qué no reserva en seguida el billete?

E 5.2 Así es un día en la vida de Montse

Y ahora, ¿cómo es tu día?

---

[1]estar de suerte: *Glück haben*

E 5.3 ¡Tenemos que decidirnos!

Bilden Sie sinnvolle, verneinte oder bejahte Aussage- bzw. Fragesätze und achten Sie auf die verschiedenen Möglichkeiten der Pronomenstellung.

Ejemplo: yo - lavarse
Me lavo. Me voy a lavar. Voy a lavarme. Me estoy lavando. Estoy lavándome.
Tengo que lavarme. Me tengo que lavar.

yo - levantarse temprano	
Paola y Sabine - ponerse guapas	
tú - aburrirse aquí	ir a + *infinitivo*
nosotros - sentarse a desayunar	estar + *gerundio*
vosotros - decidirse cuanto antes	tener que + *infinitivo*
tú - quedarse fuera	querer + *infinitivo*
usted - tranquilizarse[1]	

E 5.4 ¿Tú qué haces durante la semana?

a) *¿Qué hace Nuria esta semana?*

La agenda de Nuria, una chica catalana

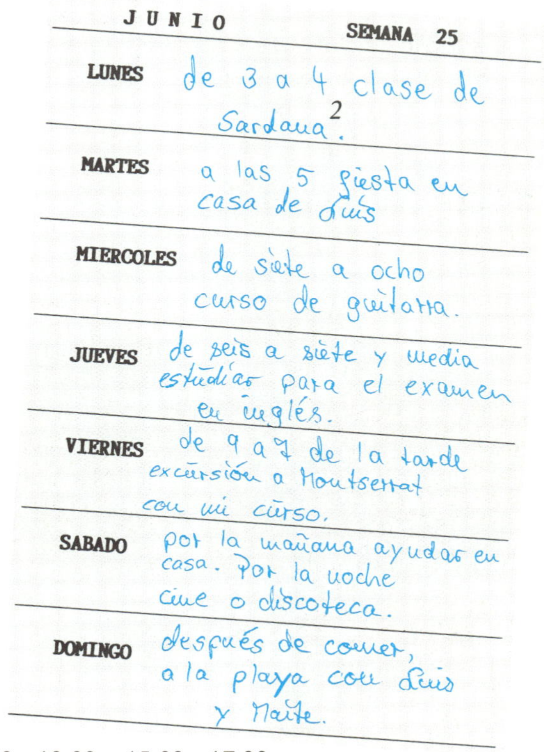

b) *Was tun folgende Personen an welchen Tagen?*
días: I = lunes; II = martes *etc.*

Wie viele Stunden am Tag?
am Montag: el lunes; *montags:* los lunes *etc.*

Beachte: *das Zeichen [-] wird* "de ... a" *gelesen;*
das Zeichen [+] wird "y" *gelesen;*

Ejemplo: Yo - tener clase en el colegio[3] - I-V - 9.00 - 13.00 y 15.00 - 17.00.
Yo tengo clase en el colegio todos los días de lunes a viernes,
de nueve a una y de tres a cinco.

1. El jefe	-	estar en su despacho	-	I-IV	-	10.00 - 14.00.
2. Montse	-	ir a la uni	-	III+IV+V	-	9.00 - 14.00.
3. Jacques	-	comer en el hotel	-	VI+VII	-	13.30.
4. Yo	-	ver la tele	-	I-VII	-	16.00 - 18.00 y 22.00 - 23.30.
5. Nosotros	-	ir al colegio	-	I-V	-	9.00 - 14.00.
6. Manolo	-	trabajar en el taller	-	III+IV+V	-	8.00 - 16.00.

[1]tranquilizarse: *sich beruhigen* [2]la sardana: *katalanischer Volkstanz* [3]el colegio: *die Schule*

E. 5.5 ¿Qué días vas a ir? ¿Cómo vas a ir?

Bilden Sie Sätze nach dem Beispiel.

Ejemplo: Montse - I - Barcelona - 
Montse va a ir el lunes a Barcelona en autobús.

1. Mi jefe	II	Chile
2. Yo	III	Quito
3. Karin	IV	Cádiz
4. Vosotras	V	escuela[1]
5. Sus amigos	VI	Gerona
6. Tú y yo	VII	playa
7. Ellos	I	México

E 5.6 Un puente[2] hacia América

Usted entra en una agencia y se informa de las posibilidades de viajar a:

E 5.7 ¿Con diptongo o sin él?

Bilden Sie Aussage- und Fragesätze.

1. La agencia	pensar	el jueves a trabajar.
2. Montse y Carlos	comenzar	la semana que viene.
3. Nosotros	empezar	pasar por mi casa.
4. Yo	cerrar	tomar una copa.
5. Las vacaciones	querer	en esta silla.
6. A qué hora (vosotros)	sentarse	los miércoles por la tarde.

[1] la escuela: *die Schule* [2] el puente: *die Brücke*

E 5.8 ¿A qué hora empezamos?

Menú:

empezar encender sentarse pensar cerrar despertarse entender(se) comenzar

1. ☺ Mis padres ... a trabajar (8.00), yo ... (8.30). Y tú, ¿a qué hora ... ?
   ☻ Depende[1]. Unos días ... (7.00), otros días, ... (9.00). Miguel ... siempre (6.30).

2. ☺ Mis amigos ... siempre la puerta con llave cuando salen de casa. Yo también ... con llave. ¿Y vosotros?
   ☻ Nosotros también ... siempre con llave.

3. ☺ ¿Por qué no ... la tele, Miguel?
   ☻ Yo no ... la tele antes de las 10 de la noche.
   ☺ Pues nosotros ... la tele cuando ... el programa de tarde.

4. ☺ ¿A qué hora te ... , Manolo?
   ☻ Normalmente me ... (7.30). Los fines de semana me ... tarde. ¿Y vosotros?
   ☺ Nosotros nos ... siempre muy tarde.

5. ☺ ¿No te ... , Montse?
   ☻ No, no me ... porque tengo que volver[2] a la agencia.
   ☺ ¿No ... (tú) cambiar[3] de trabajo? ¿... (tú) trabajar toda la vida[4] en la agencia?
   ☻ De momento no ... cambiar de trabajo, estoy contenta. Me ... muy bien con las compañeras.

Mafalda. © Joaquín Salvador Lavado (Quino)

[1]depende: *das kommt darauf an* [2]volver: *zurückkehren* [3]cambiar: *wechseln* [4]toda la vida: *das ganze Leben*

E 5.9 ¿Qué haces? - Estoy trabajando.

Verwenden Sie die Verlaufsform.

Ejemplo: Don Vicente - subir las maletas.
Don Vicente está subiendo las maletas.

1. Los turistas - tomar un café.
2. Don José - comer en el restaurante.
3. Carmen y Montse - reservar un viaje.
4. Ellos - comer - en un restaurante.
5. Nosotros - arreglarse en el baño.
6. Aquellos jóvenes - leer el periódico.
7. Pepe - buscar la bicicleta.
8. Montse y Carlos - empezar a desayunar.
9. El jefe - comer con un cliente.
10. Tú y yo - empezar a vivir bien.
11. Aquella chica - abrir una carta.
12. Yo - prepararse para ir a Barcelona.

E 5.10 El que sabe, sabe

Welches Verb fehlt jeweils?

1. Montse está cansada, por eso ... en una silla.
2. Si queréis hacer el viaje este mes, tenéis que ... pronto.
3. La chica que yo busco es morena, ... Paola.
4. La chica ... pasar otra vez por la tarde.
5. Yo no voy contigo porque no ... .
6. Carlos no entra en la agencia, ... fuera.
7. Para ir al Perú tienes que ... el billete con bastante antelación.
8. La agencia ... los miércoles por la tarde.
9. ¿A qué hora (vosotros) ... a trabajar?
10. Montse ... guapa para ir a Barcelona.

empezar
pensar
sentarse
cerrar
llamarse
decidirse
ponerse
reservar
quedarse
querer

E 5.11 ¿Por qué te vas?

In welchen Fällen kann "ir" *stehen und in welchen muss* "irse" *eingesetzt werden?*

1. Después de desayunar (nosotros) ... .
2. Ahora tengo que ... a la agencia de viajes.
3. Todos sus amigos ... a la fiesta.
4. Bueno, adiós, (yo) ... .
5. ¿A qué hora ... (vosotros) mañana de viaje?

E 5.12 Es un chico muy amable, siempre contesta muy amablemente

Ejemplo: La chica se decide.
La chica se decide rápidamente[1].

1. Al Perú organizamos viajes.	fácil
2. Montse sale de la agencia.	impaciente
3. Saca un comic y se pone a leer.	contento
4. Sus amigos ya esperan.	normal
5. Jacques comprende el castellano.	rápido[1]
6. Don Vicente quita el coche.	frecuente[2]
7. Siempre llegan a casa.	alegre[3]
8. En Barcelona hablan catalán.	tranquilo
9. La empleada atiende[4] a la chica.	encantado
10. Tiene que decidirse.	amable

E 5.13 Para ganar dinero hay que trabajar

Ejemplo: ☺ ¿Qué hay que hacer para ligar con una chica española?
☻ Para ligar con una chica española hay que hablar español.

¿Para reservar un billete de avión a Venezuela?
¿Para buscar trabajo?
¿Para ir a Barcelona?
¿Para ligar con Montse?
¿Para trabajar en esta agencia?

E 5.14 Trabaja medio día en este hotel y medio día en otro hotel

Ergänzen Sie mit "medio/a" *und/oder* "otro/a/os/as".

Esta es mi agencia. Aquí trabajamos ... chica y yo. La ... chica sólo trabaja ... día aquí. El ... ... día trabaja en un hotel. El jefe sólo contrata[5] a chicas para ... día. A veces llaman jóvenes que buscan trabajo, pero no todos quieren trabajar sólo ... día y se buscan ... trabajo. El próximo verano voy a estar ... mes fuera. Voy a la República Dominicana como azafata, pero no voy sola, van ... dos chicas conmigo.

[1]rápido/a: *schnell* [2]frecuente: *oft* [3]alegre: *fröhlich* [4]atender: *sich kümmern um, bedienen* [5]contratar: *einstellen*

E 5.15 Hay que tener fantasía

Rollenspiel:
Vorstellungsgespräch zwischen Montse und Herrn Guerra.

- *Name*
- *Alter*
- *Sprachkenntnisse*
- *usw.*

- *wie viele Tage in der Woche*
- *Aufgaben*
- *Verdienst*

E 5.16 No así, de otra forma

Sagen Sie das kursiv Gedruckte mit anderen Worten.

Ejemplo: Montse se despierta *a las cinco.*
Montse se despierta *temprano.*

1. Yo *tengo poco dinero.*
2. Este coche *no funciona.*
3. El jefe *habla ahora* con un cliente.
4. Montse *no entra en seguida.*
5. El jefe *no está en la oficina.*
6. *De nada.*
7. Montse está *contenta.*
8. *Al principio*[1] voy a trabajar sólo 4 días a la semana.

**
E 5.17 En castellano

Mariluz und Roberto stehen früh auf. Sie waschen sich und ziehen sich elegant an. Nach dem Frühstück fahren sie nach Cadaqués. Sie haben einen Termin beim Direktor des Hotels "Marivent" wegen des Jobs. Ihre Freundin Marta fährt mit ihnen, aber sie sucht keine Arbeit. Obwohl sie auch Studentin ist, hat sie immer Geld. Bis Figueras fahren sie mit der Bahn, dann nehmen sie den Bus nach Cadaqués.
Während Mariluz und Roberto mit Herrn Castillo sprechen, geht Marta am Strand spazieren. Dann geht sie in ein Café und wartet. Nach einer halben Stunde kehren Mariluz und Roberto zurück.
- Hallo, Marta! Da sind wir.
- Hallo! Wie war's? Alles gut gegangen?
- Ausgezeichnet! Wir haben Arbeit! Mariluz wird vier Tage in der Woche arbeiten, von Montag bis Donnerstag. Ich arbeite die ganze Woche.
- Glückwunsch! Ihr seid zufrieden, oder (= nicht wahr)?
- Klar. Wir werden nicht viel verdienen, aber wir brauchen das Geld. Trinkst du auch einen Kaffee? Heute zahlen wir.

---
[1]al principio: *am Anfang, zunächst*

**

E 5.18 ¡Qué desorden!

Combine cada país con su capital dialogando como en el ejemplo.

Ejemplo:

☺ Hola, ¿de dónde eres?
☻ Soy de Asunción.
☺ ¿De Asunción?
¿Dónde está Asunción?
☻ ¡Asunción es la capital[1] de Paraguay, hombre!
☺ ¿Ah sí? No lo sabía[2].

Menú:

¿De dónde eres? - ¿Dónde vives? - ¿Dónde pasas las vacaciones? - ¿Adónde vas este verano?

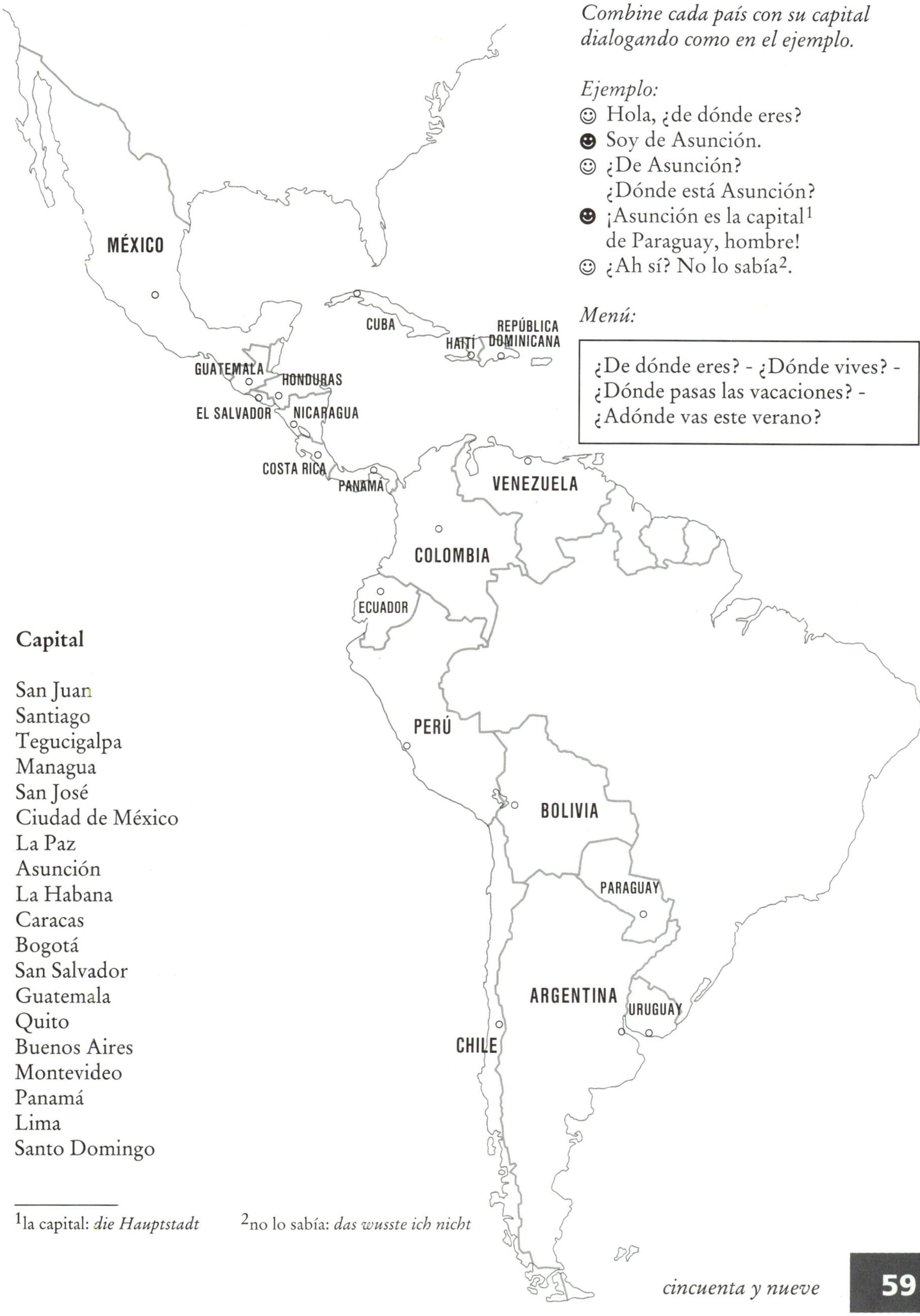

Capital

San Juan
Santiago
Tegucigalpa
Managua
San José
Ciudad de México
La Paz
Asunción
La Habana
Caracas
Bogotá
San Salvador
Guatemala
Quito
Buenos Aires
Montevideo
Panamá
Lima
Santo Domingo

---

[1] la capital: *die Hauptstadt* [2] no lo sabía: *das wusste ich nicht*

LECCIÓN 6

Madrid y los madrileños

① *Puerta y Calle de Alcalá*

② *Palacio Real*

③ *Los Reyes Don Juan Carlos y Doña Sofía*

④ *Tienda antigua*

⑤ *La Plaza Mayor*

⑥ *Un domingo en la Plaza Mayor: coleccionistas de sellos*

⑦ *Museo del Prado*

⑧ *Parque del Retiro*

L 6

Vivir en pareja

Miguel y Alicia son madrileños. Viven en Barajas, muy cerca del aeropuerto. El es ingeniero en Pegaso, una fábrica de camiones y autobuses cerca de Madrid. Suele viajar mucho. Ella acaba de comenzar a trabajar en una tienda de antigüedades. Son novios y quieren vivir juntos, pero el apartamento de Miguel es demasiado pequeño para los dos. Por eso necesitan otro piso mayor. No es fácil encontrar un buen piso en Madrid. Es más bien difícil. A veces es incluso un gran problema. El periódico está lleno de anuncios de pisos, sin embargo casi todos suelen tener una pega: son demasiado caros o demasiado pequeños, están en mal estado o mal comunicados, etc. Alicia abre el periódico, encuentra un par de anuncios interesantes y luego llama por teléfono. Por fin tiene suerte.

☺ ¡Diga!
Alicia Buenos días. ¿Alquilan ustedes un piso en la calle Argüelles?
☺ Sí, señora, alquilamos uno.
Alicia ¿Está amueblado?
☺ Soló en parte. En la cocina hay una nevera, una cocina de gas, una mesa y cuatro sillas. En uno de los dormitorios hay una cama de matrimonio y un armario grande. Las otras habitaciones están vacías.
Alicia ¿Y cuánto cuesta el alquiler?
☺ Son setenta y cinco mil quinientas (75.500) pesetas al mes, más seis mil setecientas (6.700) de gastos de comunidad.
Alicia ¿Puedo pasar a ver el piso mañana por la tarde? Es que no salgo de trabajar hasta las cuatro.
☺ Sí, sí, naturalmente. Es Argüelles 71, 3° derecha.
Alicia Muchas gracias. Entonces hasta mañana.

No sabe qué hacer

Después de ver el piso, Alicia está indecisa. Llama a Miguel por teléfono, porque él está en Aquisgrán y no vuelve hasta finales de mes.

Alicia Escucha, Miguel, vengo de ver un piso en Argüelles y no sé qué hacer.
Miguel ¿Por qué? ¿Es que hay algún inconveniente?
Alicia En sí, no. El piso está muy bien situado y me gusta. Está en la tercera planta y es bastante grande. Tiene dos dormitorios, una sala de estar con comedor, un pequeño despacho, cocina completa y baño con ventana al patio.
Miguel ¿Hay ascensor en la casa?
Alicia Sí, sí; el piso tiene todas las comodidades: ascensor, calefacción central, agua caliente, en fin, todo. Pero no sé, estoy algo indecisa. ¿Qué hago, Miguel?
Miguel ¿No acabas de decir que el piso te gusta?

Alicia Sí, el piso me gusta mucho. Lo que no me gusta es el alquiler. Me pongo nerviosa cuando oigo el precio. Es mucho dinero.

Miguel ¿Mucho dinero? ¿Cuánto?

Alicia ¡Son casi noventa mil pesetas al mes!

Miguel Bueno, sí, pero en nuestro caso eso no es ningún problema.

Alicia Entonces, ¿no te parece un riesgo?

Miguel ¡Toda la vida es un riesgo, cariño! Vivir juntos también, ¿no crees?

La vida en un piso

Gramática

G 6.1 Die unmittelbare Vergangenheit *El pasado inmediato*

Acaba de leer el periódico. *Er hat gerade die Zeitung gelesen.* Acabamos de comer. *Wir haben gerade gegessen.*	♦ **acabar de + Infinitiv:** *gerade etwas getan haben*

G 6.2 Die verkürzte Form bestimmter Adjektive und Zahlwörter

Es un **buen** piso. Las casas están en **mal** estado. ¿Hay **algún** inconveniente? No veo **ningún** problema. Vivo en el **primer/tercer** piso.	♦ **Bueno, malo, alguno, ninguno, primero** und **tercero** verlieren das auslautende -o (im Singular), wenn sie **vor** maskulinem Substantiv stehen. (**Akzentsetzung** beachten!)
Es una **buena** idea. Es una **mala** noticia *(Nachricht)*. ¿Tiene **alguna** duda *(Zweifel)*? No veo **ninguna** pega. Está en la **primera/tercera** planta.	♦ Die feminine Form wird nicht verkürzt.
Es un **gran** riesgo. Viven en una **gran** ciudad *(Stadt)*. Es la semana **grande** *(Festwoche)* de Bilbao. Somos **grandes** amigos.	♦ Bei **grande** wird im Singular bei Voranstellung sowohl die maskuline als auch die feminine Form verkürzt, bei Nachstellung und im Plural bleibt es unverkürzt.

Zur Stellung der Adjektive

Es un señor gordo. Es un edificio antiguo. Entra una chica rubia.	♦ Die Adjektive stehen meist **nach** dem Substantiv; sie haben dann **unterscheidende** Funktion.
Habla con la **joven** empleada.	♦ Steht das Adjektiv vor dem Substantiv, so handelt es sich um ein "schmückendes" Adjektiv: dt.: *die junge* <u>*Angestellte*</u> (es gibt nur eine)
Habla con la empleada **joven**.	**dagegen:** *die* <u>*junge*</u> *Angestellte* (eine bestimmte unter mehreren)

G 6.3 Unregelmäßige Verben

hacer	poner	venir	salir	oír	saber
hago	**pongo**	**vengo**	**salgo**	**oigo**	**sé**
haces	pones	vienes	sales	oyes	sabes
hace	pone	viene	sale	oye	sabe
hacemos	ponemos	venimos	salimos	oímos	sabemos
hacéis	ponéis	venís	salís	oís	sabéis
hacen	ponen	vienen	salen	oyen	saben

♦ Einige Verben bilden im Präsens die erste Person unregelmäßig; alle anderen Formen des Präsens (Indikativ) sind regelmäßig.

G 6.4 Klassenverben o → ue *Verbos de irregularidad común*

encontrar	enc**ue**ntro	soler	s**ue**lo	♦ Bei einigen Verben diphthongiert in den stammbetonten Formen der Stammvokal **o** zu **ue**. (vgl. G 5.2)
	enc**ue**ntras		s**ue**les	
	enc**ue**ntra		s**ue**le	
	encontramos		solemos	
	encontráis		soléis	
	enc**ue**ntran		s**ue**len	
			Weitere Verben dieser Gruppe: costar, poder, volver	

ebenso: jugar (**u** → **ue**): j**ue**go, j**ue**gas, j**ue**ga, jugamos, jugáis, j**ue**gan *(spielen)*

Los pisos **suelen tener** una pega.

♦ **soler + Infinitiv:** *normalerweise etwas tun, etwas zu tun pflegen*

G 6.5 Die Grundzahlen IV *Los números cardinales*

200	doscient**os** marc**os**/doscient**as** pesetas
300	trescientos/-as
400	cuatrocientos/-as
500	**quin**ientos/-as
600	seiscientos/-as
700	**sete**cientos/-as
800	ochocientos/-as
900	**nove**cientos/-as

♦ Die Hunderter von 200 bis 900 sind veränderlich (vgl. Adjektive, G 1.3), auch zusammen mit Tausend:
doscient**as** mil ochocient**as** peset**as** (200 800)
quinient**as** veintiun**a** mil trescient**as** peset**as** (521 300)
novecient**os** veinti**ún** mil cien marc**os** (921 100).
♦ cinco ↔ quinientos; siete ↔ setecientos
nueve ↔ novecientos

G 6.6 Die Ordnungszahlen *Los números ordinales*

1º/1ª	primero/a
2º/2ª	segundo/a
3º/3ª	tercero/a
4º/4ª	cuarto/a
5º/5ª	quinto/a
6º/6ª	sexto/a
7º/7ª	séptimo/a
8º/8ª	octavo/a
9º/9ª	noveno/a
10º/10ª	décimo/a

♦ Die Ordnungszahlen werden im Spanischen in der Regel nur bis 10 verwendet. Bei Zahlen über 10 gebraucht man normalerweise die Grundzahlen.
♦ Die männlichen Formen **primero** und **tercero** verlieren das auslautende **-o**, wenn ihnen ein Substantiv folgt:
el **primer** (1er) piso, el **tercer** (3er) número.
(vgl. G 6.2)
♦ Beachte die Schreibweise: 1º, 1ª, 2º, 2ª, ...

G 6.7 "lo que"

Lo que no me gusta es el precio.

♦ **lo que** entspricht dem deutschen Relativpronomen *was*

Ejercicios

E 6.1 Hablando se entiende la gente

1. ¿De dónde son y qué hacen Alicia y Miguel?
   ¿Por qué buscan otro piso?
   ¿Qué problemas tienen para encontrar un piso?

2. ¿Por qué va Alicia sola a ver el piso?
   ¿Cómo explica Alicia a Miguel cómo es el piso?
   ¿Por qué está Alicia indecisa?
   ¿De qué riesgo hablan Miguel y Alicia?

E 6.2 Acabo de tomar uno

Formule frases como en el ejemplo; use la estructura "acabar de" *con el infinitivo y el vocabulario necesario.*

Ejemplo: café - tú (tomar)
☺ ¿Quieres un café?
☻ No, gracias, acabo de tomar uno.

1. querer - vosotros - salir un rato	(volver)
2. beber - tú - un vaso de leche	(desayunar)
3. tener - piso - Alicia	(alquilar)
4. estar aquí - Carlos	(llegar)
5. necesitar - hotel - aquellos señores	(encontrar)

E 6.3 Están buscando piso, van a vivir juntos, acaban de llegar a Madrid

Conteste las preguntas con el verbo en una de estas estructuras.

Ejemplo: ☺ Oye, Alicia, ¿por qué no llamas, si quieres ver el piso?
☻ | Voy a llamar luego.
| Estoy llamando desde las 9, pero no contestan.
| Acabo de llamar.

1. Hola, Miguel, ¿tenéis ya piso?
2. ¿Qué tal, Alicia, tienes ya trabajo?
3. Oye, Carlos, ¿está don José en su habitación?
4. ¿No sales hoy, Montse?
5. ¿Cuándo subís a vuestra habitación?
6. Oiga, por favor, ¿cuándo pasa el autobús?

E 6.4 Los muebles

¿Para dónde son y cuánto cuestan?

E 6.5 Buscando piso

Sie wollen eine Wohnung bzw. ein Zimmer mieten, um die Ferien zu verbringen oder weil Sie einen Sprachkurs besuchen wollen.

a) In den Zeitungen finden Sie mehrere Annoncen. Sie rufen an und erkundigen sich nach der Wohnung bzw. dem Zimmer. (Lage, Zahl der Zimmer, Gebäude, Miete mit oder ohne Nebenkosten, Besichtigungsmöglichkeiten usw.)

b) Sie geben selbst eine Annonce auf.

ATICO ESTRENAR ZONA JOSE ABASCAL
Calle Virtudes, 3
Un dormitorio. Garaje
☎ 576 29 88

Aravaca
OPORTUNIDAD
Apartamento, un dormitorio, salón, cocina independiente. 12.500.000
638 87 58 - 638 87 82

LOPEZ DE HOYOS
PISOS
1 a 4 DORMITORIOS
DIRECTAMENTE
CONSTRUCTORA
Tel. 415 39 59
abstenerse agencias

CENTRO HISTORICO DE MADRID
Pisos Lujo, 1-2 Dormitorios y **Atico Dúplex** 102 m²
1 Dormitorio.(Venta y Alquiler)
Amplias Facilidades
BLANCHART & ASOCIADOS
Teléfono 350 28 82

ESTRENAR
Francos Rodríguez. áticos un dormitorio. 15.000.000.
☎ 570 36 89, 459 75 32.

CARABANCHEL
Particular, exterior, dos habitaciones. 8.500.000. ☎ 208 99 17.

ARGÜELLES
Luminoso, 90 metros, calefacción central. Baratísimo.
☎ 535 02 18, 534 67 91.

Orense, cuatro dormitorios, dos baños, perfecta distribución. 34.200.000. Facilidades. ☎ 576 01 01.

Oporto, 110 metros, tres dormitorios, gran salón, impecable, posibilidad garaje. 19.000.000. Facilidades. ☎ 576 01 01.

Argüelles, 60 metros, dos dormitorios, gas ciudad, ascensor, precioso. 14.950.000. Facilidades. ☎ 576 01 01.

Ático, Estrecho, particular, reformado. ☎ 530 82 73.

SANTOÑA-SANTANDER
En primera línea de la playa de San Martín, fabulosas vistas a la más bella bahía del Cantábrico - Situación «IRREPETIBLE»
COMPLEJO RESIDENCIAL DE LUJO
Vista Mar
Pisos de 1, 2 y 3 dormitorios.
Alta calidad de construcción y acabados
AMPLIAS FACILIDADES
Santoña: Tel. (942) 66 04 48
En Madrid: BLANCHART & ASOCIADOS
Tel. (91) 350 28 82

ARAVACA
Piso 150 metros, 3 dormitorios, 2 baños, 2 garajes, piscina, 45 metros jardín privado, urbanización privilegiada.
☎ 307 11 60

POZUELO
Cinco dormitorios, conservación impecable, piscina propia, zona estación
☎ 307 11 59

E 6.6 ¿Cómo vives?

Ejemplo: ☺ Hola, ¿dónde vives?
☻ En la calle Granados, 45, en el centro, ¿y tú?
☺ Yo vivo en un piso compartido en las afueras[1].
☻ ¿Te gusta vivir con otros?
☺ No siempre, pero ahora todos los que vivimos allí somos jóvenes y lo pasamos muy bien[2].

Hable con su compañero/a según el ejemplo.

E 6.7 La combinación justa

Formule cinco frases en primera persona.

antes de irme a la cama	salir	un viaje a Machu Picchu
para reservar el billete	poner	un rato con los amigos
en primavera	saber	música
todos los fines de semana	hacer	otro día
para buscar piso	venir	dónde está Machu Picchu
claro que	oír	un anuncio en el periódico

E 6.8 Jugamos a conjugar

Complete los diálogos con la forma correcta del verbo y la hora.

volver

1. ☺ ¿Cuándo ... Alicia y Miguel a casa?
☻ No sé, pero creo que ... (16.30) ¿Y tú? ¿Cuándo ... tú de la universidad?
☺ Normalmente (yo) ... (14), pero hoy ... más tarde porque tengo que ... en autobús. Mi moto no funciona.

jugar (a) / soler *(+ Infinitiv)*

2. ☺ ¿Cuándo ... (vosotros) al fútbol?
☻ Esta semana no ... (nosotros) al fútbol, ... al tenis.
☺ ¿Con quién ... (tú) al tenis? ¿... bien?
☻ ... (yo) jugar con Miguel. Yo ... bastante bien, pero él todavía no ... muy bien. (Nosotros) ... poco.
☺ ¿Y dónde ... (vosotros)?
☻ ... jugar en el club de Miguel.

poder / costar

3. ☺ ¿Vas conmigo al cine, Paco?
☻ Lo siento, hoy no ... .
☺ ¿Por qué no ...?
☻ Porque no tengo dinero, y la entrada[3] ... mucho.
☺ Si quieres venir, ... pagar yo las dos entradas.
☻ Bueno, vale.

---

[1] en las afueras: *am Stadtrand* [2] pasarlo bien: *Spaß haben* [3] la entrada: *die Eintrittskarte*

E 6.9 ¿Quieres jugar al fútbol?

Nacho ¿Jugamos al fútbol?
Luis No, no quiero, no tengo ganas[1].
Nacho ¿Y al ping-pong?
Luis Tampoco. No quiero jugar a nada.
Nacho Tú nunca juegas a nada. ¡Qué aburrido[2] eres, chico!

Ahora usted invita a su compañero/a a jugar a algo.

Menú:

las cartas	el ajedrez[3]
el tenis	el parchís[4]
el squash	las damas
	tres en raya[5]

E 6.10 Estar en su sitio[6]

Formule frases correctas con "ser".

Ejemplo: este - coche - bueno
Este es un buen coche.

José	médico	
Argentina	país	grande
Jacques	periodista	malo
el trabajo de portero	trabajo	primero
Cataluña	región	tercero
Camilo José Cela	escritor	bueno
este	trabajo	
su	piso	

E 6.11 Dígalo de otra manera

Ejemplo: Me gusta el piso, pero el precio no.
El piso me gusta, lo que no me gusta es el precio.

1. Compran periódicos, pero libros no.
2. Miran los prospectos, pero los precios no.
3. No leen el periódico, sino comics.
4. Hablan alemán, pero inglés no.
5. Quiero vivir en España, no en Alemania.
6. Juego al tenis, no al golf.

---

[1] tener ganas: *Lust haben* [2] aburrido/a (ser): *langweilig* [3] el ajedrez: *Schach*
[4] el parchís: *Mensch ärgere dich nicht* [5] tres en raya: *Mühle* [6] el sitio: *der Platz, die Stelle*

E 6.12 Casa de locos[1]

	izquierda		derecha	
	1ª	2ª	1ª	2ª
9º	Paloma Arcote	José Luis Doral		Alberto Durero
8º	Maribel Serrador	Antonio Gante	Juanjo Royo	
7º			Teresa Caro	Eulalio Conte
6º	Concha Rebollo	Pepe Parral		Carlos Cerrador
5º		Carlota Carro	David Conde	Sebastián Mayado
4º	Adrián Toral		Salvador Rollo	Blanca Argote
3º			Martín Mallado	
2º	Federico Gallo	Hans Reinhauer		Santiago Gayo
1º	José Cante		Rafael Barral	Oficinas
Planta Baja	Café-Bar Manolo	Perfumería El Gusto	Panadería El Bimbo	Farmacia

Ein frisch bezogener Neubau. Es kommen Leute, die Freunde besuchen wollen. Bei so viel Ähnlichkeit verwechselt sogar der Hausmeister oft die Namen. Unterhalten Sie sich mit Ihrem Gesprächspartner.

Ejemplo: ☺ Por favor, ¿me puede decir en qué piso vive el señor Rollo?
☻ A ver ... El señor Royo vive en el octavo, primera puerta a la derecha. Tiene que subir a pie. El ascensor no funciona hoy. No hay luz.[2]
☺ Gracias. ¡Qué mala suerte![3]

Poco después:

☺ Oiga, en el octavo vive el Sr. Royo, pero no Salvador Rollo. Yo quiero ir a casa de Salvador Rollo.
☻ ¡Ah! Usted quiere decir "Rollo" con "elle", no con "i griega". Lo siento. El Sr. Rollo con "elle" vive en el cuarto.

---

[1] la casa de locos: *das Tollhaus* [2] la luz: *hier: der Strom* [3] ¡Qué mala suerte!: *Was für ein Pech!*

**

E 6.13 En castellano

Barbara und ein paar Freunde wollen zusammenziehen. Deshalb müssen sie eine größere Wohnung finden. Nach dem Frühstück, bevor sie zur Uni geht, schaut Barbara die Zeitung durch. Sie hat nicht viel Glück. Fast alle Mietwohnungen haben einen Haken: sie sind zu teuer oder zu klein, zu weit weg oder zu alt[1]. Sie suchen eine große Wohnung im Zentrum. In der Zeitung sind viele Mietwohnungen ausgeschrieben. Barbara ruft viele Leute[2] an. Am Nachmittag schaut sie eine der Wohnungen an. Sie ist groß, ist im dritten Stock eines alten Gebäudes ohne Fahrstuhl und ohne Komfort. Sie hat große Zimmer und hat (eine) Einbauküche (= möblierte Küche).

- Wie hoch ist die Miete?, fragt sie.
- Sie beträgt (= es sind) 1.800 Mark im Monat.
- Das ist viel Geld, denkt Barbara. Sie ist unentschlossen.
- Die Wohnung ist schön und sie gefällt mir, aber ich weiß nicht (recht). Die Miete ist sehr hoch, wissen Sie. Ich rufe morgen wieder an.
- Ja, gut. Morgen bin ich den ganzen Tag zu Hause.

**

E 6.14 El que sabe, sabe

(Con la ayuda del diccionario.)

"Cada oveja con su pareja"

madrileño →	Barcelona
sevillano	Salamanca
salvadoreño	Costa Rica
puertorriqueño	Toledo
donostiarra	Buenos Aires
gaditano	Madrid
toledano	Nicaragua
salmantino	Sevilla
bonaerense	Cádiz
nicaragüense	El Salvador
barcelonés	Puerto Rico
costarricense	San Sebastián

---

[1] alt: *viejo /-a* [2] Leute: *la gente + 3. Pers. Singular*

** E 6.15 Opiniones[1] y pasatiempos[2] de los españoles

Ejemplos: 1. Para el noventa y cuatro por ciento de los españoles la familia es muy importante.
2. El sesenta y cinco por ciento de los españoles ve la televisión en su tiempro libre.
3. El cuarenta y siete por ciento de los españoles se casa por los hijos.

(1)

PARA LOS ESPAÑOLES ES MUY IMPORTANTE:	
La familia	94 %
La calidad de vida	80 %
La vivienda	80 %
El trabajo o profesión	79 %
El dinero	78 %
Los amigos	77 %
El tiempo libre	73 %
El medio ambiente	73 %
La posición social	64 %
La religión	57 %
La política	32 %

(2)

¿QUE HACEN LOS ESPAÑOLES EN SU TIEMPO LIBRE ?	
Ver la televisión	65 %
Pasear	27 %
Leer prensa, libros, etc.	24 %
Reunirse con amigos	22 %
Escuchar música	20 %
Salir con su pareja/familia	17 %
Escuchar la radio (no música)	16 %
Hacer trabajos manuales	15 %
Jugar con los hijos, atenderlos	13 %
Hacer ejercicio, deporte	9 %
Viajar, hacer excursiones	7 %
Salir a bailar, ir a fiestas	3 %
Ir al cine	3 %
Ir a ver una obra de teatro	1 %
Ir a espectáculos musicales	1 %
Ver alguna exposición	1 %

(3)

¿POR QUE RAZONES SE CASAN LOS ESPAÑOLES?	
Por los hijos	47 %
Por razones religiosas	40 %
Por estabilidad y seguridad	46 %
Por presiones familiares	45 %
Por presiones sociales (vecinos, trabajo)	36 %

[1]la opinión: *die Meinung* [2]el pasatiempo: *der Zeitvertreib*

⁂ A cantar

Mi cafetal

Porque la gente vive criticando,
me paso la vida sin pensar en na[1].

Estribillo

Pero no sabiendo que yo soy el hombre
que tengo un hermoso y lindo cafetal.
Yo tengo mi cafetal
y tú ya no tienes na.

Nada me importa que la gente diga
que no tengo plata, que no tengo na.

Pero no sabiendo ...
Tiru liru liru liru liru liru liru liru lirulá.

Grupo musical de los Andes

[1] na = nada

LECCIÓN 7

Vuelta al "cole"

A mediados de septiembre comienza el curso escolar en España. Entre el 10 y el 15 de ese mes los padres tienen que hacer todos los preparativos para la vuelta de sus hijos al colegio. Son días de mucho estrés. En casa de los Moreno también. Mientras la señora Moreno busca desesperada la lista de las cosas que hay que comprar, el Sr. Moreno está sentado en el salón leyendo tranquilamente el periódico. A la señora Moreno esa indiferencia de su marido la pone mala.

Rosario Faustino, ¿dónde está la lista del material escolar?
Faustino ¡Y yo qué sé! Mira a ver en mi escritorio, encima de las revistas o al lado de la máquina de escribir. ¡Por ahí debe de estar!
Rosario Pues yo aquí no veo nada.
Faustino ¡Tú nunca ves nada! Pues mira a ver en la habitación de los niños.
Rosario ¡Uy, qué desorden, cielo santo! ¿Cómo voy a ver algo con este caos?

Faustino ¿Qué dices?
Rosario Digo que esto es un caos y que necesito la lista.
Faustino ¿Pero para qué la quieres?
Rosario La necesito para comprar el equipo de los niños. Ya estamos a 12 de septiembre y tus hijos necesitan ropa, zapatillas, libros, lápices, bolígrafos y un montón de cosas más. ¿Dónde dices que está? ¡Yo aquí no la veo por ninguna parte!

El Sr. Moreno deja malhumorado el periódico y entra en su despacho. Abre un cajón y saca la lista de debajo de un montón de papeles.

Faustino Aquí está, ¿no la ves?, dice enfadado.

Luego coge tres carretes de fotos y los mete en el bolsillo de la chaqueta. Quiere llevarlos a revelar porque necesita las fotos antes de fin de mes. Su mujer todavía sigue buscando cosas y dando instrucciones. Los niños deben arreglar el piso y hacer la comida mientras ellos están fuera. Por fin, coge el bolso y dice:

Rosario ¡Venga, vamos!

Salen malhumorados de casa. Por el camino no dicen nada y tampoco saludan a nadie.

¿En qué curso estás?

Laura y Sonia charlan del colegio.

Laura Tú, ¿a qué colegio vas?
Sonia Yo voy al colegio “Virgen del Socorro”. Es un colegio de monjas, ¿y tú?
Laura Yo voy al “Miguel de Unamuno”, es un colegio público. ¿Tienen que pagar mucho tus padres por mandarte a un colegio privado?
Sonia No sé, pero creo que ahora no. ¿Tú en qué curso estás?
Laura Yo estoy haciendo octavo ¿y tú?
Sonia Yo termino este año sexto.
Laura ¿Piensas hacer el bachillerato?
Sonia Si puedo, sí. Tengo problemas con las matemáticas y el inglés, pero necesito el título de bachiller. Quiero ser enfermera.
Laura Yo todavía no sé lo que quiero ser. A lo mejor estudio periodismo.

Buena noticia

Gramática

G 7.1 Datumsangaben *La fecha*

¿Qué fecha es hoy? / ¿Qué día es hoy? / ¿A cuántos estamos hoy?

Hoy es el **tres de** abril **de** 1993.
Hoy estamos **a cinco de** mayo **de** 1995.
Hoy es el **primero / uno** de abril.

♦ Zur Datumsangabe werden die **Grundzahlen** verwendet. Nur beim Monatsersten darf auch **primero** gebraucht werden.

Schreibweisen:	el quince de abril de 1992; 15-IV-1992; 15-04-1992; 15/04/1992
Lesart der Jahreszahlen:	1993: mil novecientos noventa y tres 1479: mil cuatrocientos setenta y nueve

am ...	**el** seis de mayo	♦ am + Datum = **el** + **Datum**, jedoch: **al** día siguiente
im ...	**en** julio	♦ Monatsangaben immer ohne Artikel
	(en) **el** año 19..	♦ Jahresangaben mit und ohne **en** möglich
Anfang ...	**a principios de** agosto	
Mitte ...	**a mediados de** este mes	
Ende ...	**a finales de** la semana que viene	

G 7.2 Das verbundene Personalpronomen - direktes Objekt / Akkusativ *Pronombres personales - complemento directo*

Paco **me** saluda.	**me**	
Esta tarde **te** llamo.	**te**	
¿Tienes tú el dinero? - Sí, **lo** tengo yo. ¿Ves a Paco? - Claro que **lo** veo.	**lo**	→ für Sachen und Personen
¿Lee la revista? - Ahora no, **la** lee luego. ¿Llamas a Montse? - Sí, voy a llamar**la**.	**la**	
¿**Nos** vemos mañana?	**nos**	
Os llamamos luego.	**os**	
¿Lees los anuncios? - Sí, **los** leo. ¿Ves a los chicos? - No, ahora no **los** veo.	**los**	→ für Sachen und Personen
¿Lee las revistas? - Sí, **las** está leyendo. ¿Ves a las chicas? - No, no **las** veo.	**las**	

♦ Diese Form des Pronomens wird **nur zusammen mit dem Verb** gebraucht und steht unmittelbar beim Verb (daher: verbundenes Pronomen); in Verbindung **mit Präpositionen** wird sie **nicht** gebraucht.

G 7.3 Die Stellung des Pronomens im Satz *El pronombre en la frase*

Está leyendo el periódico. **Lo** está leyendo. / Está leyéndo**lo**. Quiere leer la carta. **La** quiere leer. / Quiere leer**la**.	♦ In Sätzen mit konjugiertem Verb (Hilfs- oder Modalverb) **und** Infinitiv bzw. Gerundio kann das Pronomen vor der konjugierten Form stehen oder an den Infinitiv bzw. an das Gerundio angehängt werden (beim Gerundio Akzentsetzung beachten!) (vgl. G 5.1)

G 7.4 Die Verben "decir" und "seguir"

decir	digo	seguir	sigo	♦ Beachte die Orthographie: **g** → **gu** vor e und i
	dices		sigues	
	dice		sigue	
	decimos		seguimos	
	decís		seguís	
	dicen		siguen	

Miguel **sigue trabajando** en Pegaso. **Seguimos siendo** amigos.	♦ **seguir + gerundio:** *etwas immer noch / weiterhin tun*
Sigue sin venir.	♦ **seguir + sin + Infinitiv:** *etwas (immer) noch nicht getan haben*

G 7.5 Strukturen der Verneinung *La negación*

Yo aquí **no** veo **nada**. **No** lo sabe **nadie**. Ella **no** habla **nunca**.	♦ Stehen **nada/nadie/nunca** nach dem Verb, so muss **no** vor dem Verb stehen.
¡**Nada** te interesa! **Nadie** sabe dónde está. Tú **nunca** ves **nada**.	♦ Steht eines dieser Verneinungspartikel vor dem Verb, so entfällt **no**. (**Nada** steht allerdings selten vor dem Verb.)
Salen **sin** decir **nada**. Entra **sin** saludar a **nadie**.	♦ **Beachte:** *etwas, jemand* bei Verneinung: **nada, nadie**

Ejercicios

E 7.1 Hablando se entiende la gente

1. ¿Por qué están los señores Moreno en estrés?
   ¿Cuándo empieza el colegio en su país?
   ¿Qué busca la señora Moreno y para qué necesita lo que busca?
   ¿Ayuda mucho el señor Moreno a su mujer?
   ¿Qué necesitan los niños para ir al colegio?
   ¿Qué hace la señora Moreno poco antes de salir de casa?

2. ¿En qué curso están Laura y Sonia?
   ¿Por qué necesita Sonia el título de bachiller?
   ¿Qué quiere estudiar Laura?
   ¿Qué diferencia hay entre un colegio privado y uno público?

E 7.2 ¿Cuándo es tu cumpleaños? ¿Cuándo es tu santo[1]?

Dialogue con su compañero/a como en el ejemplo.

Ejemplo:

Pepe ¿A qué no sabes cuándo es mi cumpleaños / mi santo?
Julio No sé, ¿en noviembre?
Pepe No, antes.
Julio ¿En febrero?
Pepe No, más tarde[2].
Julio ¿En junio?
Pepe Sí, en junio, ¿y qué día?
Julio El dos de junio.
Pepe No, más tarde.
etc.

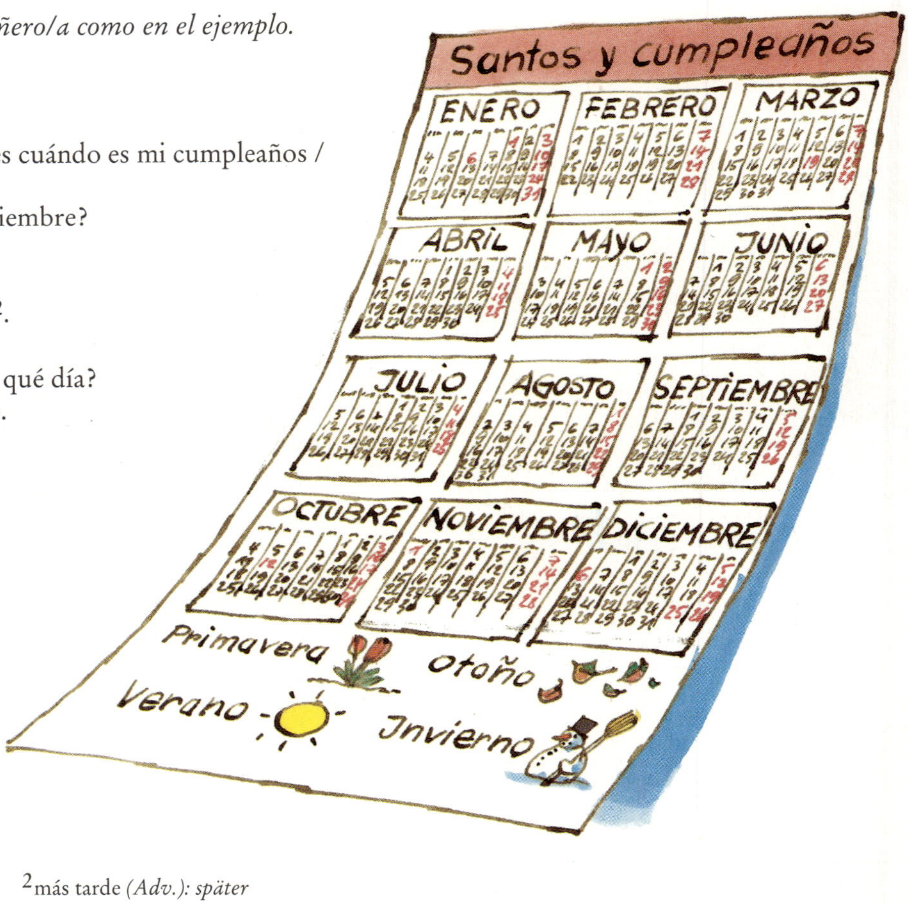

[1] el santo: *der Namenstag* [2] más tarde *(Adv.): später*

E 7.3 Dime cuándo y a qué hora

1. - ¿Cuándo (volver) Eva de vacaciones?
   - Ella (volver) (21-X), pero sus padres no (volver) hasta (2-XI).
   Ellos (volver) en autobús, Eva, en cambio[1], (volver) en coche.
   Mis padres y yo (ir) de vacaciones dos veces al año: una vez en (VII) y otra vez en (XII).

2. - ¿A qué hora (venir) Alicia?
   - No (saber, yo) , pero (creer, yo) que (venir, ella) (15.30).
   - ¿Y cuándo (pensar, vosotras) pasar por su casa?
   - (Pensar, nosotras) pasar el domingo (10.45).
   Ella y Miguel (mudarse) de piso[2] a finales de (VII) o a principios de (VIII).

3. - ¿Cuándo (jugar, vosotros) al fútbol?
   - Esta semana (jugar, nosotros) (18.30). En (III), (IV) y (V) (jugar, nosotros) siempre (16.15). En (XI), (XII) y (I) no (jugar).

E 7.4 El equipo escolar

Lo que los niños necesitan y lo que las cosas cuestan.

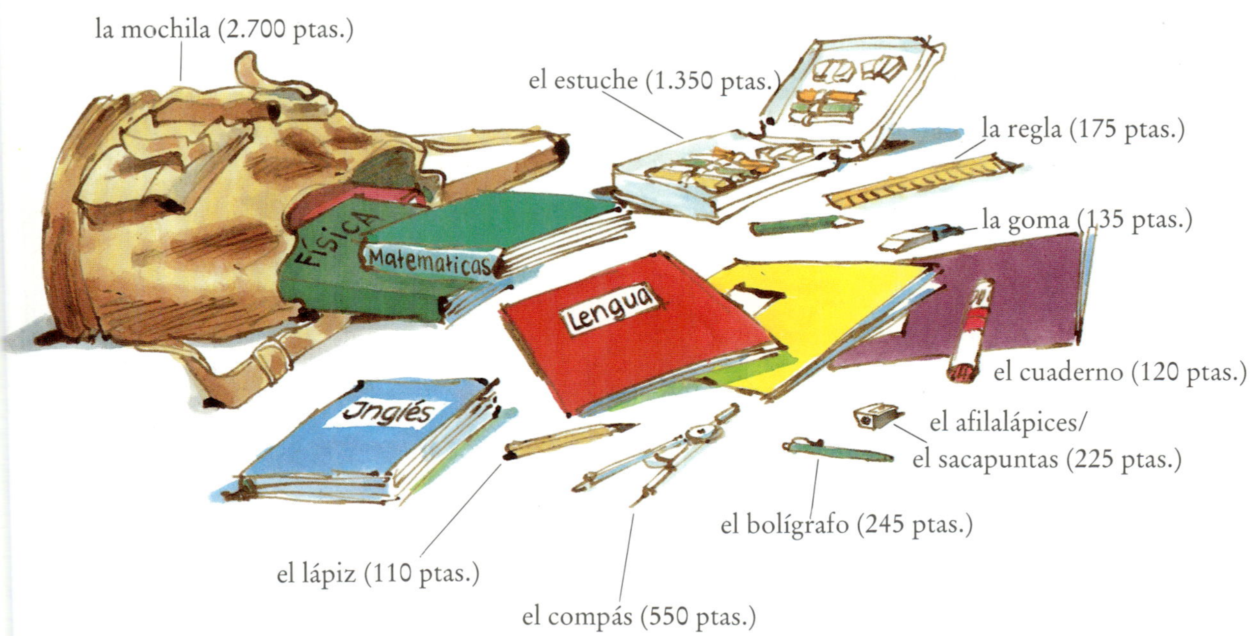

---

[1]en cambio: *dagegen* [2]mudarse de piso: *umziehen*

E 7.5 ¿Dónde está la lista?

Complete el texto con los pronombres correctos.

La señora Moreno busca la lista, pero no ♣ encuentra. Va al despacho de su marido y ♣ ve sentado, leyendo el periódico. La señora Moreno pregunta enfadada:
- ¿Dónde está la lista? No ♣ veo por ninguna parte.
- Tú nunca ves nada, contesta él malhumorado.
Cierra el periódico y ♣ deja encima de la mesa. El señor Moreno ya no tiene ganas de seguir leyendo. En su mesa hay muchos libros y revistas. ♣ quita de la mesa y ♣ pone en una silla. En la mesa tampoco está la lista. El señor Moreno ♣ busca por todas partes. Por fin ♣ encuentra debajo de un montón de papeles.
- ¡Aquí está! ¿no ♣ ves?, dice de mal humor.
La señora Moreno quiere saber dónde están los chicos; ♣ llama. Ellos tienen que hacer la comida. Por fin sale de casa. Su marido ♣ acompaña. Compran las cosas que necesitan los chicos para volver al colegio y ♣ pagan en la caja[1]. La cajera[2] ♣ mete en varias bolsas de plástico.
Cuando llegan a casa, sus hijos ya ♣ esperan impacientes. Laura, la hija pequeña, busca las zapatillas. Por fin ♣ encuentra en una de las bolsas, ♣ saca y ♣ mira. Son muy bonitas. Laura está contenta.
- ¿No miras los libros?, pregunta la madre.
- No, ♣ miro luego, contesta Laura.

E 7.6 ¡Sí sabe, sí contesta!

Ejemplo: ☺ ¿Compras *los carretes* aquí?
☻ Sí, *los* compro aquí, porque son buenos.
No, aquí no *los* compro, porque son caros.

1. ¿Saludas *a Juan*?
2. ¿Comprenden los padres *a sus hijos*?
3. ¿No compráis *el piso*?
4. ¿No llamas *a Alicia*?
5. ¿Dónde compráis *los muebles*?
6. ¿Necesitas ahora *las llaves*?
7. ¿No esperan *a sus padres*?
8. ¿No abrís *las cartas*?
9. ¿Deja usted *el coche* aquí?
10. ¿Ves *a Miguel* esta tarde?

E 7.7 ¿Vamos a hacerlo? ¡Ya estamos haciéndolo!

Ejemplo: ☺ ¿No subes el periódico, Manolo?
☻ Sí, ahora voy a subirlo. | Sí, lo voy a subir en seguida.
¡Acabo de subirlo! | ¡Lo acabo de subir!
Tengo que subirlo. | Lo tengo que subir.

1. ¿No alquiláis el piso?
2. ¿Van a comprar los muebles?
3. ¿No escribes la carta?
4. ¿Por qué no reservas el billete?
5. ¿No leéis hoy el periódico?
6. ¿Me ayudas a quitar la mesa?
7. ¿Por qué no abres las cartas?
8. ¿No haces la comida, Julia?

---

[1] la caja: *die Kasse* [2] la cajera: *die Kassiererin*

E 7.8 Una forma más complicada pero más elegante

Ejemplos:
A: ☺ ¿Todavía es don Jaime el director del hotel?
☻ Sí, don Jaime sigue siendo el director del hotel.

B: ☺ ¿Laura ya tiene zapatillas? - (comprar)
☻ Sí, acaba de comprarlas.

1. ¿Todavía trabaja Carlos en el hotel?
2. Laura y sus padres ya no están en casa. (salir)
3. ¿Todavía te gusta aprender español?
4. Nosotros ya no estamos de vacaciones. (regresar)
5. ¿Todavía viven en casa de sus padres?
6. Los chicos ya no están aquí. (irse)
7. Carlos ya no tiene las cartas. (echar al buzón[1])
8. ¿Todavía buscáis piso?
9. Nosotros ya tenemos su dirección. (escribir)
10. ¿Todavía lee la Sra. Moreno el "ABC"?
11. Yo ya tengo la lista. (encontrar)
12. Montse está hablando con el jefe de la agencia. (llegar)

E 7.9 Ni nada ni nadie

Conteste las preguntas en forma negativa.

Ejemplo: ☺ ¿Buscas a alguien?
☻ No, no busco a nadie.

1. ¿Tomas algo?
2. ¿Con quién hablan?
3. ¿Hay alguien aquí?
4. ¿Sales siempre con Laura?
5. ¿Te saluda Manolo siempre así?

E 7.10 Por él o para él

Formule frases con "por" *y* "para".

Ejemplo: Los chicos necesitan las cosas para el colegio.

1. los españoles - vivir - trabajar
2. Alicia - mirar - la ventana
3. Pepe - salir - la puerta
4. el dinero - llegar - los gastos del año
5. Alicia y Miguel - pagar mucho - el piso
6. el apartamento - ser pequeño - los dos
7. los alemanes - trabajar - vivir
8. el Sr. Rondel - buscar trabajo - el verano
9. Montse - llamar - el anuncio
10. yo - ver el fútbol - televisión

[1] echar al buzón: *einwerfen*

**
E 7.11 En el bar "Casa Enrique"

Después de unas horas, los señores Moreno salen de la tienda con varias bolsas de plástico. Los dos están cansados y tienen sed[1]. Entran en un bar a tomar una caña.

Faustino	Yo voy a tomar una caña y un bocadillo, y tú ¿qué bebes[2]?
Rosario	Yo un vaso de leche fría[3]. Ahora no me apetece[4] la cerveza.
Faustino	¿No tienes hambre[5]? ¿No quieres un bocadillo o unas tapas?
Rosario	No, ahora no. Si tomo ahora algo, luego no como y Laura se enfada. Hoy hace ella la comida.
Faustino	¡Camarero! Un vaso de leche fría, una caña y un bocadillo de jamón.
Camarero	En seguida.

Sie gehen in eine Kneipe, weil Sie Durst und Hunger haben. Sie möchten eine Kleinigkeit (tapas) *essen und etwas trinken. Bestellen Sie etwas! Rollenspiel mit dem Nachbarn/der Nachbarin.*

---

[1]tener sed *(f.): Durst haben* [2]beber: *trinken* [3]frío/a: *kalt* [4]no me apetece: *ich habe keinen Appetit / keine Lust auf*
[5]tener hambre *(f.): Hunger haben*

⁂ E 7.12 Un juego de niños

Ich sehe etwas, was du nicht siehst ...

☺ Veo, veo...
☻ ¿Qué ves?
☺ Veo una cosita[1] que tú no ves, ¿qué es?
☻ ¿Por qué letra empieza?
☺ Empieza por la letra /p/.
☻ ¿Es la “profesora”?
☺ No, la profesora no es.
☻ ¿Es otra persona?
☺ No.
☻ ¿Es la puerta?
☺ ¡Eso es! Es la puerta.
Ahora tú.

Wortschatzbereiche: Schule, Arbeit, Essen, Wohnung, Straße, Hotel, etc. Auch Dinge, die sich nicht im Raum befinden, können gelten, jedoch keine abstrakten Begriffe.

Mafalda. © Joaquín Salvador Lavado (Quino)

⁂ A cantar

Uno de enero

Uno de enero,
dos de febrero,
tres de marzo,
cuatro de abril,
cinco de mayo,
seis de junio,
siete de julio, San Fermín.
(canción de Navarra)

---

[1] la cosita *(Dim.)* = la cosa

**

E 7.13 El nuevo sistema escolar en España según la LOGSE (Ley Orgánica General del Sistema Educativo) desde 1991

Educación primaria (obligatoria y gratuita)	1er curso 2º curso	1er ciclo
	3er curso 4º curso	2º ciclo
	5º curso 6º curso	3er ciclo
Educación Secundaria (obligatoria y gratuita)	7º curso 8º curso	1er ciclo secundaria
	9º curso 10º curso	2º ciclo secundaria

Título de **Graduado Escolar**
(Qualifizierter Abschluss, entspricht in etwa dem qualifizierten Hauptschulabschluss bzw. der Mittleren Reife)

↙ ↘

Formación Profesional
(Berufsausbildung)

Bachillerato
(entspricht der gymnasialen Oberstufe)

1º de Bachillerato

2º de Bachillerato

Título de **Bachiller**
(Abitur(zeugnis), berechtigt allein nicht zum Hochschulstudium; dazu ist erforderlich die:)

Prueba de acceso a la Universidad / Selectividad
(Aufnahmeprüfung für die Universität)

Universidad

Licenciado
(üblicher Universitätsabschluss, Magister bzw. Diplom)

Boletín de evaluación final
(Schuljahreszeugnis)

BOLETIN DE EVALUACION FINAL	ALUMNO	Nº AL.	CLASE	CURSO	SECC.
		09	37	2	C

CENTRO	CORRESPONDENCIA	ENSEÑANZA
MATER PURISSIMA	Silvia Gutiérrez del Río Mariano Vela 53, 2° B 28026 Madrid	BUP
		Nº MATRICULA
		FECHA
MADRID 0131		25/06/92

MATERIAS	CALIFICACION FINAL	EVALUACIONES 1	2	3	4	5	6	PENDIENTES DE RECUPERAR
LENGUA Y LITERATURA	BIEN	I	+B	B	B			
LATIN	BIEN	N	B	B	B			
INGLES	BIEN	B	B	I	+B			
GEOGRAFIA	SUFICIENTE	I	+SF	I	+SF			
FORMACION RELIGIOSA	BIEN	N	B	SF	B			
MATEMATICAS	SOBRESALIENTE	S	S	S	S			
FISICA Y QUIMICA	NOTABLE	S	N	I	+N			
EDUC.FISICA Y DEPOR	NOTABLE	N	B	N	N			
ENSE@ANZAS DE HOGAR	NOTABLE	N	N	N	N			

CALIFICACION GLOBAL DEL CURSO

OBSERVACIONES DE LA JUNTA DE EVALUACION

* LAS MATERIAS SEÑALADAS CON ASTERISCO INDICAN PENDIENTES DE RECUPERAR

LAS MATERIAS SEÑALADAS CON SIGNO + HAN SIDO RECUPERADAS

Horario de clases

HORA	LUNES	MARTES	MIERCOLES	JUEVES	VIERNES
8.30	Historia	Filosofía	Inglés	Educación Física	Historia
9.25	Matemáticas	Física/Química	Hogar	Filosofía	Filosofía
10.20	Inglés	Matemáticas	Biología	Matemáticas	Hogar
11.20	Recreo	Recreo	Recreo	Recreo	Recreo
11.40	Física/Química	Historia	Tutoría	Biología	Física/Química
12.35	Biología	Religión	Religión	Historia	Matemáticas
1.30	Educación Física	Biología	Filosofía	Física/Química	Inglés

LECCIÓN 8

Con pan y vino se anda el camino

La zapatería donde trabajan cierra de una y media a cuatro. Eva y Pilar van al restaurante "La Carolina" a comer. Suelen comer a veces en este restaurante porque es económico. Además, a Eva le gusta Antonio, el camarero.

Pilar Yo voy a pedir pescado ¿y tú, Eva?
Eva No sé, a lo mejor pido el menú del día.

Cuando entran, Antonio las saluda cordialmente y les indica una mesa libre. Después de poner el mantel, los platos y los cubiertos en la mesa (tenedor, cuchara y cuchillo), les trae la carta.

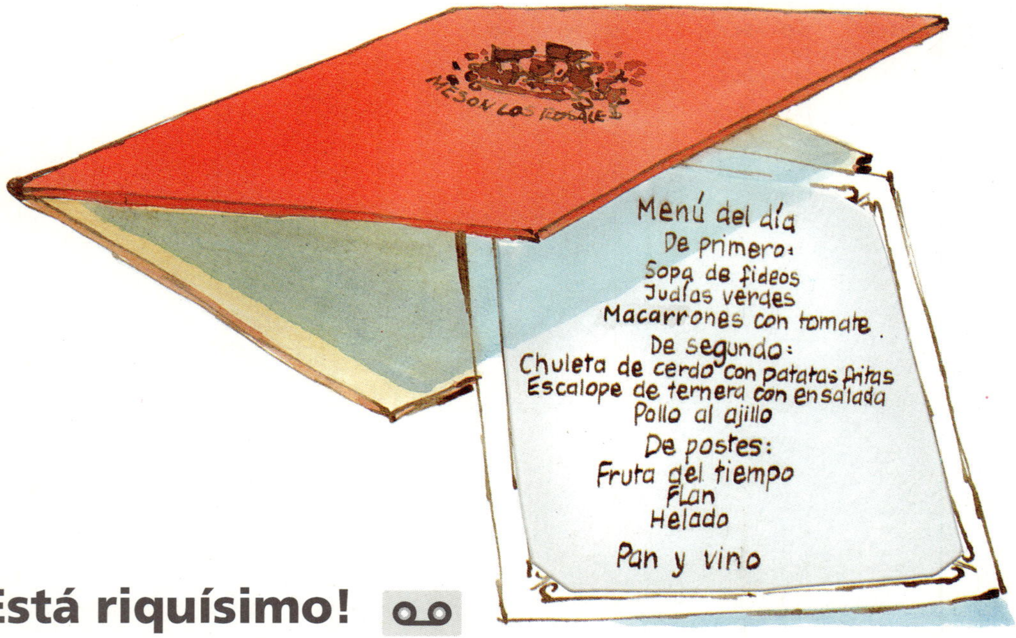

¡Está riquísimo!

Poco después vuelve Antonio y les pregunta:

Antonio ¿Qué va a ser?
Eva A mí me traes el menú: sopa de fideos y una chuleta, pero con ensalada en vez de patatas fritas, ¿es posible?
Antonio ¡Para ti lo hago posible, simpática!
Pilar Yo estoy harta de comer carne, hoy me apetece pescado. ¿Qué me recomiendas?
Antonio Pues mira, tenemos merluza en salsa verde, bacalao a la vizcaína y lenguado frito. ¡Todo riquísimo!
Pilar Bueno, pues entonces bacalao. De primero me traes sopa.
Antonio Y para beber, ¿qué vais a tomar?
Eva Para mí vino tinto con gaseosa.
Pilar Y para mí una botella de agua mineral sin gas.

El camarero les trae poco después el pan y las bebidas. A Eva le sirve el vino y a Pilar el agua. Un cuarto de hora más tarde les trae la comida.

De sobremesa

Eva ¿A ti no te ha invitado Maribel al cumpleaños?

Pilar Sí, me ha invitado, pero no pienso ir. No es por ella, pero es que su novio me cae muy gordo. Paco y yo hemos estado un par de veces en su casa y siempre hemos acabado riñendo. Nos llevamos fatal. Continuamente se está metiendo conmigo.

Eva ¿Y por qué se mete contigo?

Pilar Porque dice que soy feminista. En cambio a mí él me parece un machista insoportable. Cuando empieza a contar chistes tontos, me pone mala. Además, siempre repite los mismos. No consigo comprender cómo Maribel ha podido enamorarse de él. No sé qué le ve. Simpático no es y de guapo no tiene nada.

Eva ¿Y tú crees que se va a casar con él?

Pilar ¡Quién sabe! Espero que no.

De postre, Eva pide fruta. Pilar duda entre un flan y un helado. Por fin se decide por un flan y un café cortado.

Eva Antonio, ¿nos traes la cuenta, por favor?

Antonio Bueno, a ver si repetís pronto la visita. Ultimamente os veo poco por aquí. ¿Os ha gustado?

Pilar Sí, a mí me ha gustado mucho.

Eva A mí también.

Eva y Pilar pagan y salen del restaurante. Antonio les abre la puerta y las despide con un piropo. Las chicas se ríen y no dicen nada.
Antonio recoge la propina que han dejado las chicas y limpia la mesa.

Gramática

G 8.1 Das verbundene Personalpronomen - indirektes Objekt/Dativ — *El pronombre personal - complemento indirecto*

¿**Me** traes la cuenta? ¿No **te** gusta la sopa? El pescado **nos** gusta mucho. ¿**Os** gusta la carne?	**me** **te** **nos** **os**	♦ In der 1. und 2. Person Singular und Plural stimmt das Pronomen für das indirekte Objekt mit dem des direkten Objekts überein (vgl. G 7.2).
Le trae la cerveza. (a Paco, a Eva, a usted)	**le**	♦ Maskuline und feminine Form sowie Anrede (ihm/ihr/Ihnen) stimmen überein.
Les trae la carta. (a los chicos, a las chicas, a ustedes)	**les**	♦ Maskuline und feminine Form sowie Anrede (ihnen/Ihnen) sind gleich.

G 8.2 Die Pronomen "le" und "lo" im Akkusativ

¿Ves a Carlos? - Sí, **lo/le** veo. ¿Ves a los chicos? - No, no **los/les** veo.	♦ In Spanien wird für männliche Personen neben **lo/los** auch **le/les** im Akkusativ verwendet. In Lateinamerika wird nur **lo/los** gebraucht.
No **le** entiendo, señor.	♦ Bei Anrede männlicher Personen ist in *Spanien* **le** obligatorisch, in *Lateinamerika* aber unüblich.
¿Ves a Lola? - Claro que **la** veo. No **la** entiendo, señora.	♦ Die **feminine** Form ist immer **la/las** (auch in der Anrede).

G 8.3 Personalpronomen nach Präposition

La fruta es para ¿Va Juan con El dinero es para Hablamos con	**él/ella/usted.** **nosotros/-as?** **vosotros/-as.** **ellos/-as/ustedes.**		♦ Nach Präpositionen stehen die Formen des Subjektpronomens (**unverbundenes** Pronomen) außer in der 1. und 2. Person Singular (vgl. G 1.2).

Sonderformen nach Präposition

El vino tinto es para **mí.**	**mí**	♦ 1. Person Singular
Para **ti** lo hago posible.	**ti**	♦ 2. Person Singular
Le(s) gusta hablar de **sí** mismo(s).	**sí**	♦ 3. Person Singular und Plural **reflexiv**
¿Vienes **conmigo**? Con mucho gusto voy **contigo**. Está hablando **consigo** mismo.	**conmigo** **contigo** **consigo**	♦ nur mit Präposition **con**

¿A quién llaman? - **A mí.** **Te** llaman **a ti.** **A él** no **lo** invita, pero **a ella**, sí.	♦ Im Satz wird das unverbundene Pronomen mit **"a"** **nur zusammen mit dem verbundenen verwendet.** Funktion: Betonung, Hervorhebung, Unterscheidung

Stellung:	Aussagesatz:	A mí (no) me deja el coche.
	Fragesatz:	¿Te deja a ti el coche? *(neutral)*
		¿A ti te deja el coche? *(Ironie bzw. Verwunderung)*

G 8.4 Klassenverben e → i *Verbos con cambio vocálico*

pedir	pido pides pide pedimos pedís piden	*Gerundio:* pidiendo	♦ Der Stammvokal **e** wird zu **i** im Gerundio und in den Formen, die kein betontes i in der Endung haben (vgl. seguir G 7.4). Weitere Verben dieser Gruppe sind u.a.: conseguir *erreichen*, corregir *korrigieren*, despedir(se) *(sich) verabschieden*, reír(se) *lachen*, reñir *zanken*, repetir *wiederholen*, servir *(be)dienen*, vestir(se) *(sich) anziehen*

G 8.5 Das Perfekt *El pretérito perfecto compuesto*

he **has** **ha** **hemos** **habéis** **han** } invit**ado**/com**ido**/ven**ido**	♦ *Bildung:* **haber + Partizip** *Partizipendungen:* -ar: ⇒ **ado** -er/-ir: ⇒ **ido** ♦ Hilfsverb: ausschließlich **haber** ♦ Partizip bleibt unverändert
No la han comprado.	♦ Zwischen Hilfsverb und Partizip dürfen keine Pronomen oder andere Partikel (z.B. Verneinungspartikel) stehen.

Hinweise zum Gebrauch des Perfekts:

Esta mañana he tenido visita.	♦ Die Handlung fand in einem Zeitraum statt, der noch nicht abgeschlossen ist, z.B.: *hoy, hasta ahora, todavía no, este año, en toda mi vida, esta semana.*
¿Habéis leído ya este libro? Sí, ya lo hemos leído.	♦ Die Handlung ist abgeschlossen, jedoch zeitlich nicht fixiert.
Ya he aprendido mucho.	♦ Die Handlung hat in der Vergangenheit begonnen, reicht jedoch bis in die Gegenwart (bis jetzt).

G 8.6 Akkusativ und Dativ im Deutschen und Spanischen

¿Qué tomas? - le pregunta el camarero a Eva. Le ha costado mucho dinero. Las chicas le piden una cerveza. A Pilar no le interesan tus chistes.	♦ Dativ und Akkusativ werden im Spanischen häufig so verwendet wie im Deutschen; bei einigen geläufigen Verben weicht jedoch der Gebrauch voneinander ab. So regieren z.B. **preguntar, costar, pedir, interesar** im Spanischen den **Dativ** (Deutsch: Akkusativ).
La madre pone la mesa; Montse la ayuda.	Das Verb **ayudar** regiert den **Akkusativ**, wird jedoch in der Umgangssprache häufig mit Dativ verwendet.

Ejercicios

E 8.1 Hablando se entiende la gente

1. ¿Qué hacen Eva y Pilar a mediodía?
   ¿Por qué suelen comer en el restaurante "La Carolina"?
   ¿Qué hace Antonio cuando las ve entrar?
   ¿Qué comen las chicas?
   ¿Tienen que esperar mucho por la comida?

2. ¿De qué hablan mientras esperan?
   ¿Cómo se lleva Pilar con el novio de Maribel?
   ¿Qué toman las chicas de postre?
   ¿Qué les pregunta Antonio cuando les trae la cuenta?
   ¿Cómo las despide Antonio y qué hace él luego?

E 8.2 No el nombre sino el pronombre

Ejemplo: -¿Quién hace la comida? - La hace Pilar.

1. ¿Quién prepara la mesa?
2. ¿Quién pone el mantel?
3. ¿Qué recomienda el camarero a Eva y Pilar?
4. ¿Pide Eva el menú del día?
5. ¿Saluda el camarero a las chicas?
6. ¿Pide Eva patatas fritas?

E 8.3 Eva y Pilar van a comer

Complete el texto con los pronombres correctos.

Eva y Pilar tienen hambre y quieren ir a comer. Salen de la tienda. En el quiosco de la esquina compran una revista. Eva ♣ abre y mira algunas fotos. Hay fotos que ♣ gustan mucho. Se para un momento para mirar ♣ . Luego cierra otra vez la revista y ♣ mete en el bolso. Ahora no tiene tiempo de leer ♣ .
Las chicas llegan al restaurante "La Carolina" y entran. Cuando Antonio ♣ ve, ♣ saluda amablemente. Luego ♣ indica una mesa libre. Eva y Pilar ♣ devuelven el saludo y se sientan. El camarero ♣ trae poco después la carta y ♣ recomienda el menú del día. Eva se decide por el menú del día porque ♣ parece bueno y barato[1]. Pilar, en cambio, no sabe qué pedir. Llama a Antonio y ♣ pregunta cómo es el bacalao a la vizcaína. Antonio ♣ dice que está riquísimo y Pilar ♣ pide.
Antonio se va. Poco después ♣ trae el pan y las bebidas. Pilar tiene sed. Se sirve un vaso de agua mineral y ♣ bebe enseguida. Eva está leyendo la revista y Pilar ♣ pregunta si quiere también un vaso de agua, pero Eva dice que no ♣ apetece beber agua. Eva toma un vaso de vino con gaseosa que acaba de traer ♣ el camarero.

---
[1] barato: *billig*

Mientras esperan por la comida, Eva ♣ enseña[1] a su amiga las fotos que ♣ gustan. Pilar mira las fotos, pero algunas no ♣ gustan nada. En la última página hay varios chistes. Hay algunos que ♣ parecen muy buenos; ♣ leen. Después de leer ♣ las dos chicas se ríen un rato[2].
Cuando Antonio ♣ trae la comida,
Eva y Pilar cierran la revista y ♣ dejan sobre la mesa.

CURIOSIDADES DEL PAÍS

Pagar a la española:
Cuando se va a comer en grupo, el camarero hace normalmente sólo una cuenta para todos. La cuenta se paga entre todos.
No importa si uno come más y otro come menos.
También cuando se va de bares en grupo, cada vez paga uno. Si usted sale con españoles y no le gusta este sistema, debe decirlo para tener después las cuentas claras.

E 8.4 ¡Yo, contigo, al fin del mundo[3]!

Formule el diálogo totalmente en castellano.

1. ☺ ¿Venís ... de paseo? *(mit uns)*
   ☻ No, nosotros no vamos ... de paseo. *(mit euch)*
2. ☺ Tu madre está comprando el periódico, ¿es ... ? *(für dich)*
   ☻ No, no es ... , es ... . *(für mich) (für sie)*
3. ☺ ¿Sales ... ? *(mit mir)*
   ☻ Pues claro, ya sabes que no ... gusta salir ... . *(mir) (ohne dich)*
4. ☺ ¿Estas zapatillas son ... , mamá? *(für mich)*
   ☻ Sí, claro, son ... . *(für dich)*
5. ☺ Laura no va ... a la zapatería. *(mit mir)*
   ☻ ¿Y por qué no va ... ? *(mit dir)*
   ☺ Porque viene una amiga y quiere ir ... . *(mit ihr)*
6. ☺ ¿ Estáis hablando ... ? *(von mir)*
   ☻ Naturalmente; estamos hablando ... . *(von dir)*

[1]enseñar: *zeigen* [2]un rato: *eine Weile* [3]al fin del mundo: *ans Ende der Welt*

E 8.5 ¡Con un poco más de énfasis[1]!

Ejemplo: *Le* trae un café cortado, no un flan.
A él / a ella le trae un café cortado, no un flan.

1. *Me* gusta mucho esta música.
2. *Le* deja el coche para ir a Barcelona.
3. ¡No *me* comprende!
4. No *te* interesa esta música, ya lo veo.
5. ¿No *les* gustan las patatas fritas?
6. ¿*Te* compran una bicicleta?
7. *Le* da otra habitación mejor.
8. *Os* comprendo perfectamente.
9. El vino no *me* calma[2] los nervios.
10. No *la* entiendo bien porque habla con mucho acento.

E 8.6 ¡A ver si nos entendemos!

Ejemplo: a) Carlos - dejar - el coche. *(uns)* — *A nosotros* Carlos *nos* deja el coche.
b) Nosotros - no - saludar - nunca. *(sie)* — *A ella* no *la* saludamos nunca.

1. a) Miguel - escribir - todas las semanas. *(mir)*
   b) Mis padres - no - comprender. *(mich)*

2. a) Yo - dejar - mi coche. *(euch)*
   b) Ella - querer - mucho. *(euch)*

3. a) ¿Ellos - no - dejar - la moto? *(dir)*
   b) ¿Ellos - no - invitar - a la fiesta? *(dich)*

4. a) ¿El portero - no - prohibir - aparcar - aquí? *(ihnen)*
   b) ¿No - recibir - el director? *(Sie)*

5. a) El camarero - recomendar - pescado. *(ihr)*
   b) ¿Sus padres - no - dejar - ir contigo? *(sie)*

6. a) Yo - no - decir - nada. *(ihm)*
   b) Yo - ver - todos los días. *(ihn)*

7. a) El camarero - traer - un café cortado. *(Ihnen)*
   b) ¿No (ella) - invitar - a su cumpleaños? *(Sie)*

---

[1] con énfasis: *mit Nachdruck* [2] calmar: *beruhigen*

E 8.7 ¡Todo perfecto menos la razón[1]!

¿Qué razón? ¡Allá usted!

Ejemplo: tú - invitar - Eva y Paco - cumpleaños

☺ ¿Has invitado a Eva y a Paco a tu cumpleaños?

☻ No, a ellos no los he invitado.

☺ ¿Y por qué no los has invitado?

☻ Porque Paco me cae muy gordo.

1. los Moreno - comprar material escolar
2. camarero - traer - carta - a vosotras
3. camarero - recomendar - a Pilar - pescado
4. vosotros - decidir - dónde ir de vacaciones
5. tú - reservar - habitación - fin de semana
6. vosotros - meter todas las cosas en el coche
7. ustedes - leer - ya - periódico
8. vosotros - estar en Bolivia alguna vez
9. tú - llamar - a Miguel por teléfono
10. Miguel y Alicia - alquilar - piso - calle Argüelles

E 8.8 Lo perfecto, perfecto es

Formule los diálogos correctamente con el verbo en perfecto y el pronombre correspondiente señalado con el símbolo ♣.

Eva ¿ ♣ (gustar) el pescado, Pilar?

Pilar Sí, ♣ (gustar) mucho. ¿Y ♣ , Eva, ♣ (gustar) la chuleta?

Eva La chuleta ♣ (parecer) algo dura, pero ♣ (gustar). ¿(Llamar, tú) ya a Maribel para decir ♣ que no vas a su cumpleaños?

Pilar No, todavía no ♣ (llamar, yo); primero tengo que hablar con Manolo; aún no ♣ (decidirse, nosotros).

Eva ¿Sabes ya que Toñi y Nerea se van al extranjero?

Pilar ¿Al extranjero? Pues esta mañana (estar, yo) con la madre de Toñi y ella no ♣ (contar) nada. ¿Y por qué se van?

Eva No sé, creo que (encontrar, ellas) en Francia un puesto de au pair.

Pilar ¡Pero ellas no saben francés!

Eva Dicen que sí, que saben algo. Ultimamente (ir, ellas) a clase y (aprender) un poco. Yo nunca ♣ (oír) hablar en francés.

Pilar ¿Es verdad que vais a vivir juntos Andrés y tú?

Eva Sí, es verdad, pero todavía no (encontrar, nosotros) piso. Ya (mirar, nosotros) varios, pero hasta ahora no ♣ (gustar) ninguno. A Andrés todos ♣ (parecer) o demasiado caros o demasiado viejos. Tenemos que seguir buscando.

Pilar Pues nosotros, Manolo y yo, ya (terminar) de amueblar el nuestro. Los muebles ♣ (costar) un montón de dinero, pero estamos muy contentos. ¿Por qué no pasáis un día a ver ♣ ?

---

[1] la razón : *der Grund, hier: die Begründung*

E 8.9 ¿Para qué sirve?

Complete las siguientes frases con la forma correcta de los verbos del menú.

Menú:

reírse	servir	despedirse	corregir/repetir	reñir	pedir/servir

1. ☺ Tú, ¿qué ... hoy para comer, Eva?
   ☻ No sé. ¿Qué te parece si (nosotras) ... pescado?
   ☺ No, a mí el pescado no me gusta, yo ... un filete.
   Las dos chicas ... carne y una botella de vino. Poco después el camarero les trae el pan y les ... el vino.

2. ☺ ¿Ya te has ... de Pilar?
   ☻ No, todavía no. Luego paso por su casa y me ... de ella y de su novio.
   ¿Cómo os ... vosotras de vuestras amigas?
   ☺ Nosotras nos ... con un beso[1].
   ☻ Pues en mi país las chicas no nos ... con un beso; nos damos simplemente la mano[2].
   Con un beso sólo se ... los padres de los hijos o así.

3. ☺ ¿Esos ejercicios que estás ... son los trabajos de inglés?
   ☻ No, los de inglés no los ... yo, los ... Mister Brown.
   Yo ... los ejercicios de español.
   ☺ ¿Los ... tú solo?
   ☻ No, no los ... yo solo. Los ... Paco y yo juntos.
   Hay faltas[3] que se ... en casi todos los ejercicios, aunque yo ... las cosas un millón de veces.
   En clase (nosotros) ... mucho este tipo de ejercicios.

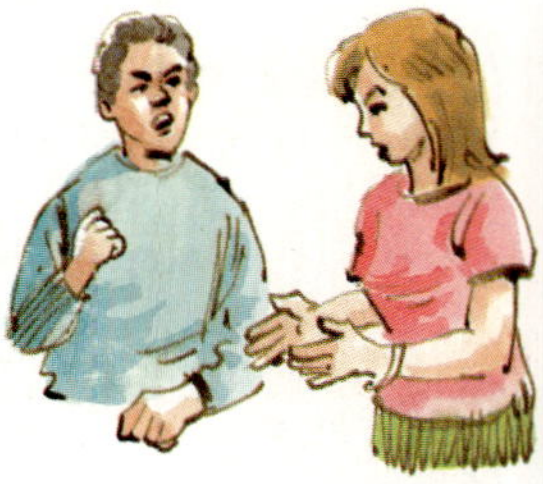

4. ☺ Eva dice que ella y su amigo nunca ... pero yo no lo creo.
   Todas las parejas ... alguna vez, ¿o no ... tú nunca con Miguel?
   ☻ Sí, claro, Miguel y yo ... a veces.

5. ☺ ¿Para qué ... este aparato?
   ☻ Ya no ... para nada porque está roto[4].

6. ☺ ¿Por qué te ..., Eva?
   ☻ Me ... porque Antonio acaba de contarme un chiste muy bueno.
   ☺ ¿Qué chiste? Si lo cuentas tú ahora nos ... las dos.
   Eva le cuenta el chiste y las dos chicas se ... un rato.

---

[1] el beso: *der Kuss* [2] la mano: *die Hand* [3] la falta: *der Fehler* [4] roto/a: *kaputt*

**

E 8.10 En castellano

- Essen wir heute im Restaurant?, fragt Eva ihre Kollegin Marion im Schuhgeschäft. Ich mag heute keine Käsebrote (essen).
- Ja, einverstanden. Wohin gehen wir?
- Juan arbeitet jetzt im Restaurant "*Die Forelle*"[1]. Ich bin noch nicht dort gewesen. Wollen wir mal sehen, wie es ihm geht? Ich esse gerne Fisch. Ich habe gehört, dass das Essen dort meistens gut und nicht zu teuer ist. Außerdem finde ich Juan sehr nett.
- Gut, dann gehen wir in die "Forelle".

Juan begrüßt die Mädchen freundlich und empfiehlt ihnen das Tagesmenü:

- Heute sind die Forellen sehr groß und schmecken köstlich.
- Forelle mag ich nicht; kannst du mir nicht etwas anderes empfehlen?
- Wenn du lieber Fleisch magst, empfehle ich dir ein Schweinekotelett mit Salat.
- Gut, du kannst mir eines bringen, aber nicht sehr groß, bitte. Ich habe heute keinen großen Hunger.
- Und zum Trinken, was darf (= kann) ich euch bringen? Eine Flasche Wein?
- Nein, wenn wir arbeiten müssen, trinken wir mittags niemals Wein. Wir trinken lieber (eine Flasche) Mineralwasser.

Zum Nachtisch essen beide Mädchen Obst und trinken einen Espresso.

- Hat es euch geschmeckt?
- Ja, danke.

Nachdem sie die Rechnung bezahlt haben, verlassen sie das Restaurant.

E 8.11 En el restaurante: cosas que pasan

1. ¡Camarero, por favor!
   Unterhalten Sie sich mit dem Kellner, bestellen Sie etwas zu essen und zu trinken. Verlangen Sie die Rechnung, bezahlen Sie und verabschieden Sie sich.

2. Tomamos algo mientras.
   Sie gehen in ein spanisches Restaurant essen. Sie sind zu sechst und haben keinen Tisch reserviert. Das Restaurant ist ziemlich voll. Fragen Sie den Kellner, ob er einen Tisch frei hat. Momentan hat er keinen frei und fragt Sie, ob Sie etwas später kommen können. Er empfiehlt Ihnen, etwas an der Bar zu trinken und eine halbe Stunde zu warten.

---

[1] die Forelle: *la trucha*

E 8.12 Es su cumpleaños y todos le regalan[1] algo

Complete el texto con los pronombres correctos.

Pilar es amiga de Maribel. Maribel ♣ ha invitado a su cumpleaños, pero Pilar no piensa ir. No ♣ gusta ver al novio de Maribel, ♣ cae muy gordo. Pilar no comprende cómo ese chico ♣ gusta a Maribel. Eva sí va al cumpleaños. A ella Juan no ♣ parece machista. (Ella) ♣ lleva a su amiga un regalo[2]. Cuando llega, Juan ♣ da un beso y ♣ presenta (a ella) a los otros invitados. Eva ♣ da el regalo a su amiga. Los otros también ♣ han regalado muchas cosas. Es muy simpática y todos ♣ quieren mucho.

Después de tomar café, Juan se pone a contar chistes, pero los invitados extranjeros no ♣ entienden. Por eso sólo ♣ cuenta (a ellos) los chistes más sencillos. A él siempre ♣ gusta contar chistes. A algunos de sus amigos los chistes de Juan ♣ parecen tontos, pero a él no ♣ dicen nada. Cuando los invitados se van, Maribel y Juan ♣ acompañan hasta la puerta y ♣ despiden con un beso.

⁂ A cantar

El vino que vende Asunción

El vino que vende Asunción
ni es blanco ni es tinto
ni tiene color.
Asunción, Asunción,
echa media de tinto al porrón.
Asunción, Asunción
echa media de tinto al porrón.

A mí me gusta el pimpiribimpimpín,
de la bota empinar
parabampampán.
Con el pimpiribimpimpín,
con el pamparabampampán,
al que no le gusta el vino
es un animal.
A mí me gusta el (...)
al que no le gusta el vino
es un animal o no tiene un real.

(canción popular)

[1]regalar: *schenken* [2]el regalo: *das Geschenk*

** **E 8.13** Dos recetas

Tortilla española

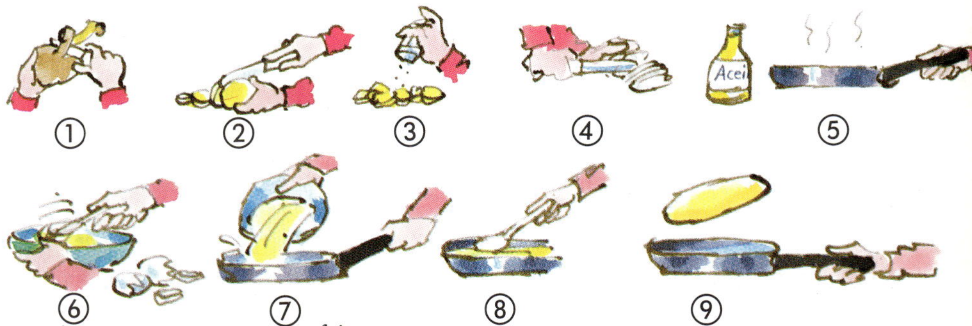

Ingredientes:
- Patatas (500/600 gramos),
- cebolla (1),
- huevos (3/4),
- aceite y sal.

Pelas las patatas. Las lavas y las cortas en trocitos como para patatas fritas. Les pones sal abundante. Pelas la cebolla y la cortas en trocitos pequeños. Fríes las patatas y la cebolla en una sartén con bastante aceite y muy caliente. En un plato hondo bates los huevos y les pones un poco de sal. Cuando las patatas están ya bien fritas, bajas el fuego, quitas el resto del aceite y añades los huevos batidos. Con un tenedor o una espumadera le das forma. Después de unos cinco minutos le das la vuelta con ayuda de un plato y la dejas otros cinco minutos sobre el fuego. ¡Ya está! ¡Que aproveche![1]

Chili con carne *(México)*

Ingredientes para cuatro personas:
- Medio kilo de carne de cerdo picada,
- 2 cebollas,
- 2 dientes de ajo,
- 1 bote de tomate molido,
- 2 botes de 400 gramos de frijoles,
- 2 cucharadas de chili en polvo,
- sal.

Salas la carne, la pones en una olla y la fríes en aceite bien caliente. Luego añades la cebolla, cortada en trocitos y el ajo. Dejas guisar la carne a fuego lento. Cuando la carne ya está bastante pasada, añades los frijoles y el tomate molido y redondeas la sazón.
¡Que aproveche!

[1] ¡Que aproveche!: *Guten Appetit!*

LECCIÓN 9

Del dicho al hecho hay mucho trecho

Madre ¿Dónde habéis estado hoy? He llamado varias veces y no se ha puesto nadie al teléfono.

Alicia Hemos estado de compras. ¡Qué barbaridad! ¡Qué precios! Ahora por una nada te piden un dineral! ¡No te lo imaginas, mamá! Hoy sólo hemos comprado un sofá y el espejo para el pasillo.

Madre ¿Y la lavadora?

Alicia Lo siento, mamá, la lavadora no la hemos comprado. Los electrodomésticos están ahora por las nubes. Ya le he dicho a Miguel que prefiero esperar a las rebajas de enero para comprar la lavadora, el televisor y la cadena. No estoy dispuesta a pagar cualquier precio.

Madre ¿Una cadena? ¿Y qué habéis hecho con la otra?

Alicia ¿Qué otra? Ah, ¿te refieres al radiocasete? Lo hemos puesto en la cocina. Se le han roto dos teclas y no sirve para escuchar cintas.

Madre ¡En fin, allá vosotros! ¿Y has vuelto tú sola?

Alicia No, hemos vuelto los dos, pero Miguel ha ido a echar unas cartas al buzón y a comprar cigarrillos en el estanco de enfrente.

Madre ¿Pero no dice que va a dejar de fumar?

Alicia Sí, claro, esa canción la repite cada dos por tres. Yo riño a veces con él porque fuma tanto, pero como si no. Aunque se lo ha propuesto cantidad de veces, hasta ahora no ha conseguido dejar el tabaco. Ya sabes, del dicho al hecho ...

Madre Ahora mismo acaba de pasar el cartero. Ha traído una carta para ti, ¿no la has visto al entrar? Está sellada en Badajoz, pero no sé de quién es, no han puesto remite. ¡A ver si hacéis unas tarjetas con vuestra nueva dirección y se las mandáis a todos vuestros conocidos!

Alicia Ya las hemos hecho, mamá, pero todavía no hemos tenido tiempo de mandárselas a todos. ¿Y dices que tiene matasellos de Badajoz? ¡Qué raro! Yo no conozco a nadie en Badajoz. Bueno, mientras tú preparas un café, voy a ver quién me ha escrito.

En el estanco

Con un cuarto de hora de retraso llega el dueño del estanco.
Es un hombre muy puntual y él está orgulloso de serlo.

Estanquero ¡Usted disculpe, joven! Me he metido en un atasco y, sintiéndolo mucho, no he podido llegar antes. El tráfico en Madrid es horrible. Los semáforos no se entienden. Y no le miento, ¿sabe usted? Cuando se abre uno, se cierra el siguiente. Parece que lo han hecho adrede. ¡Pero dígame, qué desea?

Miguel Déme cinco sellos de 45 pesetas, diez sobres y un paquete de Fortuna.

Estanquero Aquí tiene usted, joven. ¿Algo más?

Miguel No, nada más, gracias.

Estanquero Entonces son ... 225 los sellos, 100 los sobres y 130 los cigarrillos ... 455 pesetas en total.

Miguel recoge las 45 pesetas que le ha devuelto el estanquero y sale del estanco.

Miguel Adiós, hasta otro día.

Estanquero Adiós, joven, encantado de servirle.

Gramática

G 9.1 Das unregelmäßige Partizip *El participio irregular*

Ya le he **dicho** a Miguel que prefiero esperar. Voy a ver quién me ha **escrito**. ¿Qué habéis **hecho** esta mañana? No se ha **puesto** nadie al teléfono. Se le han **roto** dos teclas. ¿No has **visto** la carta al entrar? ¿Has **vuelto** tú sola?	♦ Unregelmäßiges Partizip bilden die Verben **decir, escribir, hacer, poner, romper, ver, volver** *sowie:* **abrir** *öffnen* → **abierto** **cubrir** *zudecken* → **cubierto** **morir** *sterben* → **muerto**
Miguel se ha **propuesto** dejar de fumar. El estanquero le ha **devuelto** 45 ptas.	♦ Das Partizip der Verben, die von den oben genannten abgeleitet sind, wird analog gebildet.

G 9.2 Zwei Personalpronomen im Satz

Se lo he dicho yo.	♦ **se** ersetzt **le/les** vor lo/la/los/las.
	Stellung:
Me lo ha prometido. ¿No **te lo** he dicho? ¿Quién **os lo** ha regalado?	♦ Person vor Sache bzw. Dativ vor Akkusativ
Se lo ha prohibido el médico. Ya **se la** he dado.	♦ **se** immer an erster Stelle der Pronomen
No hemos tenido tiempo de mandár**selas** a todos.	♦ Diese Reihenfolge wird auch eingehalten, wenn die Pronomen an das Verb angehängt werden.
¿No **te lo** ha dicho?	♦ Verneinung vor den Pronomen.

G 9.3 Besonderheiten der Satzstellung

Esa canción **la** repite cada dos por tres. *A Miguel* ya **le** he dicho que me voy.	♦ Zur besonderen Hervorhebung kann das Objekt (Akkusativ oder Dativ) am Satzanfang stehen. Es wird dann unmittelbar vor dem Verb in Form des **verbundenen Pronomens** wiederholt.
Pan no compra porque ya tiene.	♦ Bei unbestimmtem Objekt jedoch steht kein Pronomen.

G 9.4 Klassenverben e → ie/i *Verbos con diptongo y cambio vocálico*

sentir siento
sientes
siente
sentimos
sentís
sienten *Gerundio:* sintiendo

♦ Die Verben dieser Gruppe weisen neben der Diphthongierung (vgl. G 5.2) zusätzlich im Gerundio Vokalverschiebung **e → i** auf
Zu dieser Gruppe gehören u.a.:

preferir	*vorziehen / bevorzugen*
referirse a	*sich beziehen auf*
mentir	*lügen*

G 9.5 Klassenverben c → zc

Yo no **conozco** a nadie en Badajoz.
Este texto lo **traduzco** yo.

♦ Verben, die auf **-acer, -ecer, -ocer** und **-ucir** enden, bilden die erste Person Präsens und die davon ableitbaren Formen mit **-zc**.
Alle weiteren Formen des Präsens sind regelmäßig (cono**zc**o, conoces, conoce, conocemos, conocéis, conocen).

conocer	*kennen*
traducir	*übersetzen*

Weitere Verben dieser Gruppe sind:

agradecer	*danken*
conducir	*Auto fahren (steuern)*
ofrecer	*anbieten*
parecer	*scheinen, aussehen wie*
reconocer	*(an)erkennen, zugeben*

Mafalda. © Joaquín Salvador Lavado (Quino)

Ejercicios

E 9.1 Hablando se entiende la gente

1. ¿Qué opina Alicia de los precios?
   La madre no está contenta, ¿por qué?
   ¿Cuándo piensan comprar Alicia y Miguel la cadena y el televisor y por qué?
   ¿Por qué quieren comprar otra cadena, si ya tienen una?
   ¿Qué problemas tiene Miguel con el tabaco?
   Aunque Alicia ya no vive en casa de sus padres, todavía llegan allí cartas para ella, ¿por qué?

2. ¿Es el estanquero, en su opinión, un español típico? ¡Explíquelo!
   ¿Qué compra Miguel en el estanco?

E 9.2 ¿Quién ha sido?

Formule preguntas. Su compañero/a da la respuesta[1].

Ejemplo: ¿quitar el periódico de encima de la mesa? - yo
☺ ¿Quién ha quitado el periódico de encima de la mesa?
☻ Lo he quitado yo.

1. ¿hacer las compras hoy? - papá
2. ¿escribir esta carta? - yo
3. ¿poner la radio tan alta? - los chicos
4. ¿ver esta película? - yo
5. ¿romper[2] estos platos? - nosotros no
6. ¿volver? - nosotros
7. ¿decir que este radiocasete no sirve? - Alicia

E 9.3 Madre e hija hablan de todo un poco

Madre ¿Dónde (estar, vosotros) hoy?
Hija (Estar, nosotros) de compras.
Madre ¿Y (ver, vosotros) algo bueno, bonito y barato?
Hija Bueno y bonito sí, (ver, nosotros) muebles preciosos, pero no (comprar) ninguno. Todos nos (parecer) muy caros. La gente se (volver) loca. ¡Qué precios, cielo santo!
Madre Eso ya te lo (decir, yo) muchas veces. La vida (subir) últimamente una barbaridad. Entonces, ¿no (comprar, vosotros) nada?
Hija Sí, sí (comprar, nosotros) una cadena japonesa que (ver, nosotros) en una tienda. Nos (ahorrar[3], nosotros) casi diez mil pesetas. Ahora en las rebajas todo cuesta menos.
Madre ¿Y qué (hacer, vosotros) con la otra?
Hija ¡Pero si nunca (tener, nosotros) una cadena, mamá! A lo que tú te refieres es un viejo radiocasete que ya no funciona. Se le (romper) dos teclas y ya no sirve para escuchar cintas. La nueva, en cambio, tiene hasta compact disc. La (poner, nosotros) en la sala de estar. Tiene un sonido fantástico. (Ser) una suerte.

---
[1] la respuesta: *die Antwort* [2] romper: *zerbrechen* [3] ahorrar: *sparen*

Madre Entonces la lavadora no la (comprar, vosotros) ¿(Pensar, tú) cómo vas a lavar la ropa?
Hija Pero, mamá, ¿ya (volver, tú) a tu tema? ¿Tú nos (ver) alguna vez con la ropa sucia?
Madre Claro que no, porque hasta ahora os la (lavar) yo.

E 9.4 Lo siento, pero es así

Complete el sentido de la frase con la forma correcta del verbo adecuado.

1. ¿Me ... la verdad? ¿No me estás ... ?
   Claro que te digo la verdad, yo nunca ...
2. Yo pido carne y tú, Eva, ¿qué ... ?
   Yo hoy ... pescado.
3. Pues nosotros, ... mucho, no podemos comer hoy
   en el restaurante; no tenemos suficiente dinero.
   ¿Es verdad lo que estáis ... ?

decir
preferir
mentir
sentirlo

E 9.5 ¡Pero mamá, cuánto preguntas!

Madre Este pantalón te hace gorda, ¿por qué no te (poner, tú) el azul?
Hija ¿El azul? ¡Ya no me vale[1]! Ultimamente (engordar[2], yo) un poquito y ya no me vale.
Madre ¿Dónde está Miguel? ¿Por qué no ha (venir) contigo? ¿(Reñir, vosotros) ?
Hija No, no (reñir, nosotros) . El (ir) al estanco a comprar tabaco.
Madre ¿Tabaco? ¿Pero no (decir, él) que va a dejar de fumar?
Hija Sí, claro, me lo (decir, él) un montón de veces, pero hasta ahora no (poder, él) pasar ni una semana sin cigarrillos. Cuando lo (dejar, él), después de dos días (volver, él) a empezar. Ya (reñir, nosotros) varias veces por eso, pero hasta ahora no (servir) de nada. ¿No me (escribir) nadie, mamá?
Madre Sí, hoy (llegar) una carta que no sé de quién es. No (poner, ellos) remite. La (poner, yo) al lado del teléfono, ¿no la (ver, tú) al entrar?
Hija No, no la (ver, yo). ¿(Hacer, tú) café, mamá?
Madre Sí, claro que lo (hacer, yo). Ahora mismo te lo sirvo.
Hija Mientras tú lo sirves, voy yo a ver quién me (escribir).

---

[1] no me vale: *sie passt mir nicht* [2] engordar: *zunehmen*

E 9.6 Dicho y hecho

Ejercicio por parejas.

Ejemplo: hacer vosotros - salir un rato
ir vosotros de compras - sólo mirar

☺ ¿Qué habéis hecho hoy?
☻ Hemos salido un rato.
☺ ¿Habéis ido de compras?
☻ No, sólo hemos mirado un poco.

1. llegar el tren de Cuzco venir Ana y Andrés en él	- sí, a las 8.30 - yo no verlos
2. ir Eva y Pilar a la tienda cómo volver	- sí esta mañana - muy cansadas
3. cuándo empezar (tú) a qué hora terminar (tú)	- a las siete y media - muy tarde
4. dónde estar Alicia y Miguel ver algo barato	- de compras - nada
5. ya escribir usted la carta echarla al buzón	- sí, esta mañana - todavía no
6. qué comprar (tú) ser barata	- una bici - no, muy cara
7. llamar (vosotros) a Eva qué decir (ella)	- sí, ya - nada, no ponerse nadie al teléfono
8. pedir (tú) la cuenta traerla el camarero	- sí, ya - todavía no
9. quién romper los platos cómo romperlos	- los niños - romperlos jugando

E 9.7 Grandes rebajas

Hable con su compañero/a según el ejemplo.

Ejemplo: máquina de escribir (a María) - 13.500 - 11.200 - 2.300
☺ ¿Cuánto le ha costado la máquina de escribir a María?
☻ Normalmente cuesta 13.500 pesetas, pero en las rebajas ha pagado sólo 11.200; se ha ahorrado 2.300 pesetas.

	normalmente	en las rebajas	se ahorran
cartera (a los Moreno)	3.500 ptas.	2.900 ptas.	600 ptas.
zapatillas (a ti)	2.750 ptas.	2.450 ptas.	300 ptas.
alfombra (a ti)	19.460 ptas.	15.140 ptas.	4.320 ptas.
sofá (a vosotros)	28.150 ptas.	25.500 ptas.	2.650 ptas.
nevera (a tus padres)	21.900 ptas.	18.760 ptas.	3.140 ptas.
espejo (a ellos)	24.300 ptas.	22.300 ptas.	2.000 ptas.
lavadora (a mamá)	53.000 ptas.	49.500 ptas.	3.500 ptas.
televisor (a tus amigos)	85.400 ptas.	81.300 ptas.	4.100 ptas.

E 9.8 ¿Me dejas la bici? ¡No, no te la dejo!

Ejemplo: ☺ ¿*Me* escribes *esta carta* a máquina?
☻ Sí, claro, *te la* escribo luego, ahora no tengo tiempo.

1. ¿*Le* han comprado sus padres *la cadena*?
2. ¿*Os* han devuelto *los libros*?
3. ¿*Me* vas a traer *los cds [cedés]* Alicia?
4. ¿*Le* habéis dicho *dónde habéis estado*?
5. ¿*Nos* dejáis *el coche*?
6. ¿*Nos* has dado ya *tu tarjeta*?
7. ¿*Les* ha recomendado *el menú*?
8. ¿*Te* ha prometido dejar *de fumar*?
9. ¿*Os* han propuesto *hacer el viaje en auto-stop*?
10. ¿*Me* dejas *la moto* este fin de semana?
11. ¿*Les* has contado *ese chiste*?

Sí, claro, ...
No, todavía no ...
Claro que ...
Naturalmente que ...
No, hoy no ...
Sí, muchas veces ...
No, aún no ...
A nosotras no ...
A ti sí ...
No, a ellas no ...

E 9.9 Esta carta la he escrito yo

Resalte[1] *el complemento [en cursiva] colocándolo delante del verbo.*

Ejemplos: a) Todavía no he leído *estas revistas.*
Estas revistas todavía no *las* he leído.
b) Pienso traerte *tus revistas* mañana.
Tus revistas pienso traérte*las* mañana.

1. He puesto *la carta* en la mesa.
2. Hemos comprado *esta cadena* en aquella tienda.
3. He visto *a Miguel* en el restaurante.
4. Mi madre ha hecho *las compras*, no yo.
5. Conocemos muy bien *ese país*.
6. Ya han comprado *los nuevos muebles*.
7. Yo no comprendo *a esta gente*.
8. ¿No me habéis comprado *los rotuladores*[2]?
9. Mañana les van a traer *los muebles*.
10. ¡No comprendo *a mis padres*!
11. Les he traído unos rotuladores *a los niños*.
12. Yo nunca hago *esto*.
13. Les he recomendado a las chicas *el menú del día*.
14. No hace nunca *la comida* él mismo.
15. Entiendo perfectamente *lo que quieres decir*.

---

[1] resaltar: *hier: hervorheben, betonen* [2] el rotulador: *der Filzstift*

E 9.10 Correcto y sin alterar[1] el orden[2]

Formule frases correctas en perfecto, manteniendo el mismo orden de palabras.

Ejemplo: periódico (leer, yo) después de desayunar
El periódico lo he leído después de desayunar.

1. (dar, yo) a Miguel un catálogo de cadenas japonesas
2. estos muebles (ver, nosotros) más baratos en otra tienda
3. a estos señores no (gustar) hoy la comida
4. las maletas (subir) el portero a mi habitación
5. ¿a ti no (decir, él) nada todavía?
6. Sabine (mandar) a Montse un reloj de Suiza
7. el camarero (traer) el postre a Eva y Pilar
8. a Miguel no (llamar, ellos) todavía
9. a nosotros (hacer, ellos) rebaja
10. la mesa (poner) yo

E 9.11 A ti te conozco

Conteste en primera persona usando[3] el pronombre.

Ejemplo: ¿Me traduces esta carta? - Sí, te la traduzco.

1. ¿Conoces a aquel chico alto?
2. ¿Conduces tú hoy?
3. ¿Me traduces esta carta?
4. ¿Reconoces que lo has escrito mal?
5. ¿No me ofreces un café?
6. ¿No les agradeces el regalo?

E 9.12 ¿Quién te lo ha regalado?

Formule frases correctas en presente o perfecto y ponga los pronombres que faltan, señalados con el símbolo ♣ .

1. ☺ ¿Qué bicicleta más bonita tienes! ¿Dónde ♣ (comprar, tú)?
   ☻ No ♣ (comprar, yo); ♣ ♣ (regalar) mis padres para mi cumpleaños.
   ☺ ¿ ♣ (dejar, tú) dar una vuelta[4]?
   ☻ No, ♣ (sentir, yo), la bicicleta no ♣ ♣ (dejar) a nadie.

2. ☺ Mira, Miguel ya (dejar) el tabaco.
   ☻ ¿Ah, sí? ¿Por qué ♣ (dejar, él)?
   ☺ Porque ♣ ♣ (prohibir) el médico y porque Alicia ♣ ♣ (pedir).

3. ☺ Los padres de Alicia (vender) el coche.
   ☻ ¿El coche? ¿A quién ♣ ♣ (vender)?
   ☺ No sé, creo que ♣ ♣ (comprar) una señora mayor.
   ☻ ¿Sabes cuánto ♣ (dar, ella) por él?
   ☺ ¿Por qué ♣ ♣ preguntas a mí? ¡Yo qué sé cuánto ♣ (dar)!

---

[1] alterar: *ändern* [2] el orden: *die Ordnung/Reihenfolge* [3] usar: *gebrauchen, benützen* [4] dar una vuelta: *eine Runde drehen*

E 9.13 ¿A ti qué te parece?

Formule frases como en el ejemplo.

Ejemplo: A mí - esta música - gustar, a Miguel - parecer - horrible.
A mí esta música me gusta, a Miguel le parece horrible.

1. A Maribel - traer - camarero - flan, a su novio - un helado.
2. Carlos - dejar - coche - a Montse, a Sabine - no dejar.
3. A nosotros - la niña - querer - mucho, a los otros - nada.
4. A Sabine - esta música - parecer - interesante, yo - encontrar horrible.
5. A las chicas - el camarero - traer - patatas fritas, a mí - carne.
6. A ti - comprar - bicicleta - tus padres, a mi - también - comprar - una.
7. A Miguel - el portero - dar - habitación grande, a nosotros - dar - pequeña.
8. A vosotros comprender (yo), a Jacques - no comprender.
9. A vosotros - apetecer - dar un paseo, a nosotros - no apetecer.
10. A mí - la leche - no calmar - los nervios, a Alicia - tampoco calmar.

**
E 9.14 El que sabe, sabe

1. Usted entra en el estanco, pregunta los precios y compra algo.

2. Alicia está leyendo una carta de Miguel. ¿Cómo ha llegado esa carta a sus manos? ¿Qué ha tenido que hacer antes Miguel?

**
E 9.15 Un poco de cultura

¿Sabe usted contestar estas preguntas?

1. El número de Comunidades Autónomas en España es el mismo que el número de *länder* en Alemania más uno, ¿cuántas son?

2. Don Quijote es un personaje muy famoso creado por ... . Sus aventuras tienen lugar en La ... . El que le acompaña se llama ... y la dama de sus sueños[1] es ... que vive en El ... . Don Quijote viaja montado en un ... y su escudero[2] en un ... . El caballo de Don Quijote se llama ... . En una de sus aventuras, Don Quijote cree que lucha contra gigantes[3], pero en realidad son ... .

3. Macondo es un pueblo famoso en una novela muy famosa de un autor colombiano. ¿Cómo se llama la novela? ¿Y el autor?

4. Combine el país con la moneda:

Venezuela	el bolívar
Argentina	el sucre
Perú	el sol
Ecuador	el peso

**
E 9.16 En castellano

Hans und Karla sind ein junges Paar. Sie wohnen im 3. Stock eines modernen Gebäudes. Er arbeitet in einer Autofabrik und sie in einer Boutique. Sie haben ein 11 Monate altes Kind. Beide gehen arbeiten und lassen das Kind bei Frau Sanftmut, einer Nachbarin. Sie verstehen sich gut mit ihr.
Eines Tages kommen Hans und Karla etwas später von der Arbeit nach Hause zurück. Frau Sanftmut ist etwas besorgt[4].
- Heute kommt ihr aber spät. Ist etwas passiert?
- Nein, nein, es ist nichts passiert. Wir sind bloß in die Stadt[5] gefahren um etwas einzukaufen. Wir haben für das Wochenende eingekauft. In einem Schaufenster[6] haben wir schöne Stereoanlagen gesehen und sind hineingegangen und haben uns informiert. Darum sind wir etwas später gekommen.
- Gerade vorhin ist der Briefträger gekommen und hat ein Paket für mich und drei Briefe für euch gebracht. Dein Bruder hat geschrieben. Die Briefe habe ich im Wohnzimmer auf den Tisch gelegt. Mein Paket habe ich gleich aufgemacht. Es ist von meinem Sohn. Er hat mir auch Fotos geschickt. Sie sind sehr schön. Später zeige ich sie euch.

---
[1] el sueño: *der Traum* [2] el escudero: *der (Schild)knappe* [3] el gigante: *der Riese*
[4] besorgt: *preocupado/a* [5] in die Stadt: *al centro* [6] Schaufenster: *el escaparate*

LECCIÓN 10

En el Rastro de Madrid

Los domingos, cuando hace buen tiempo, a muchos madrileños les gusta ir a dar una vuelta por el Rastro. Si llueve o hace mucho frío, prefieren quedarse en casa o hacer otra cosa. En el Rastro hay de todo. Hay cosas nuevas y cosas usadas, cosas bonitas y cosas feas. Conchi, una niña de 9 años, se para ante un puesto con ropa de muñecas. Ella sabe que en el Rastro hay que regatear. Regatea tanto y tan bien como los mayores.

Conchi ¿Cuánto cuesta ese vestido verde?
Chica Este vestido cuesta 295 pesetas y este pantalón rojo 350.
Conchi ¡Uy, son carísimos! ¿No tienes algo más barato?
Chica Mira, este abrigo azul es más barato que el vestido y esta falda tampoco es tan cara como el vestido. Si me compras las dos cosas te las doy más baratas, ¿las quieres?
Conchi No, el abrigo no me gusta, es muy feo. Dame esa blusa a cuadros y esa falda azul por 200 pesetas, anda.
Chica ¿Por 200 pesetas? ¡Ni hablar! La azul es mucho mejor que la rosa. La falda azul y la blusa no puedo dártelas por menos de 270 pesetas ¿vale?
Conchi ¡Si no hay más remedio!

Conchi le da 300 pesetas y la chica le devuelve 30. Conchi levanta un jersey del suelo y pregunta:

Conchi ¿Es tuyo este jersey? Se ha caído al suelo.
Chica No, ese jersey no es mío, pero parece que aquella niña está buscando algo. A lo mejor es suyo. Seguramente lo ha volado el viento.

i

EL RASTRO

Todos los domingos por la mañana tiene lugar en Madrid un famoso Rastro. Calles enteras están llenas de cosas para comprar y vender. A este Rastro acude la gente en masa y a veces no queda más remedio que caminar en la dirección en que te empujan. En el Rastro hay de todo: cosas usadas y cosas nuevas, cosas de valor y baratijas, cuadros, libros, animales, en fin, de todo. Allí se pueden encontrar piezas para un aparato viejo que ya no se vende en el mercado y también muchos rateros. Por eso, si alguna vez va usted a disfrutar del ambiente del Rastro, tiene que tener mucho cuidado con el dinero y con los objetos de valor. Ya sabe, más vale prevenir que curar.

Un encuentro casual

Violeta Oye, ¿cómo es que no fuiste el sábado pasado a la cena de ex alumnas?

Estrellita ¿Desde cuándo hay cenas de ex alumnas?

Violeta Fue una idea de Blanquita y mía. Entre las dos lo organizamos todo. Yo me encargué de buscar un restaurante y ella de avisar a las chicas.

Estrellita Ah, pues a mí no me avisó. Yo no me enteré de nada, por eso no fui.

Violeta ¿No te mandó una invitación? ¿Y ni siquiera te llamó? Pues me extraña, porque Blanquita en eso es muy formal.

Estrellita A lo mejor la mandó a casa de mis padres. Yo ya no vivo con ellos, me mudé a un piso el mes pasado, y mis padres no están, fueron a pasar una semana con mi hermano. El vive ahora en Gijón. ¿Y qué tal fue la reunión?

Violeta Muy interesante. Lo pasamos muy bien recordando los viejos tiempos en el colegio. Algunas chicas han cambiado tanto que, si las ves por la calle, no las reconoces.

Estrellita ¿Invitasteis también a los profesores?

Violeta Sí, claro que los invitamos, pero casi todos se disculparon por alguna razón. Sólo se presentó uno, ¿y sabes quién?

Estrellita ¡El terrible! El profe de Ciencias Naturales, ¿a que sí?

Violeta ¡El mismo! Ahora, al parecer, ya no es tan hueso como antes. Yo llevé la cámara y saqué unas cuantas fotos, pero todavía no las he recogido. ¿Por qué no pasas un día por casa y las vemos juntas?

Estrellita Bueno, pero te llamo antes, ¿vale?

Gramática

G 10.1 Der Vergleich *La comparación*

El abrigo es **tan** caro **como** el vestido. Regatea **tanto como** los mayores. Vende **tantas** cosas **como** otros.	♦ beim Adjektiv: **tan** beim Verb: **tanto** (unveränderlich) beim Substantiv: **tanto/a/os/as**
Este abrigo es **más** barato **que** el vestido.	♦ Komparativ: **más ... que**
Compra **más de** medio kilo de carne. Esta muñeca cuesta **menos de** 270 ptas.	♦ bei Zahlen und Mengenangaben: **más/menos de ...**
La falda azul es **mejor que** la rosa. bueno → **mejor/(más bueno)** malo → **peor/(más malo)** grande → **mayor/más grande** pequeño → **menor/más pequeño**	♦ Einige Adjektive bilden neben den regelmäßigen auch unregelmäßige Formen des Komparativs.

G 10.2 Die Demonstrativpronomen *Los demostrativos*

Este vestido cuesta 4500 pts.	♦ **este/estos; esta/estas:** beim Sprecher oder räumlich/zeitlich nahe
Dame **esa** blusa.	♦ **ese/esos; esa/esas:** beim Gesprächspartner oder räumlich/zeitlich etwas entfernt
Pregúntale a **aquella** niña que está **allí**.	♦ **aquel/aquellos; aquella/aquellas:** vom Sprecher und vom Gesprächspartner entfernt
Blanquita en **eso** es muy formal.	♦ **esto/eso/aquello:** beziehen sich auf einen ganzen Satz, nicht auf ein einzelnes Substantiv
¡Ven acá! *Komm her!* andar de acá para allá *hin und her gehen*	♦ **aquí/acá, ahí, allí/allá** *(etwa: hier, da, dort)* In Lateinamerika werden *acá* und *allá* häufiger gebraucht als in Spanien.

G 10.3 Die Possessivpronomen - betonte Form

Este vaso es **mío**. **El tuyo** está allí. Voy con un amigo **mío**. - ¿De quién es el billete? - Es **suyo**.	**mío/a/os/as** **tuyo/a/os/as** **suyo/a/os/as** **nuestro/a/os/as** **vuestro/a/os/as** **suyo/a/os/as**	♦ Diese Formen werden mit Artikel gebraucht, wenn sie anstelle eines Substantivs stehen (pronominaler Gebrauch). ♦ **es mío/tuyo/...:** *... gehört mir/dir/ ...* **el mío/la mía** *meine/r/s* **el tuyo/la tuya** *deine/r/s* **el suyo/la suya** *seine/r/s* etc.

G 10.4 Der Imperativ der 2. Person Singular

Mira, este abrigo azul me gusta.	♦ Der bejahte Imperativ der 2. Person Singular entspricht, mit wenigen Ausnahmen, der **3. Person Singular Präsens.**
Dame esta blusa, **dámela**.	♦ Die Pronomen werden angehängt.

G 10.5 Das Indefinido/Perfecto simple der Verben auf "-ar"

mandar	mand**é** mand**aste** mand**ó** mand**amos** mand**asteis** mand**aron**	♦ Alle Formen sind endungsbetont, daher keine Diphthongierung im Stamm! ♦ Die 1. Person Plural ist formengleich mit dem Präsens.

G 10.6 Das Indefinido der Verben "ser" und "ir"

Fue una idea de Blanquita. No **fui** porque no me avisaron.	**fui** **fuiste** **fue** **fuimos** **fuisteis** **fueron**	♦ Die Verben **ser** und **ir** haben im Indefinido gleiche Formen.

G 10.7 Der Gebrauch des Indefinido

¿No te mandó una invitación? Me mudé a un piso el mes pasado.	♦ **Abgeschlossene** Handlung bzw. Handlung, die innerhalb eines **abgeschlossenen** Zeitraums, z.B. *ayer, la semana pasada / el año pasado, hace un siglo, ...* stattgefunden hat, vgl. Perfekt (G 8.5).
Esta mañana no desayuné en casa. A las ocho estuvo aquí.	♦ Bei punktuellen Handlungen innerhalb eines noch nicht abgeschlossenen Zeitraums wird in bestimmten Regionen Spaniens auch Indefinido (statt Perfekt) gebraucht; in Lateinamerika ist dies üblich.

G 10.8 Indefinido - orthographische Besonderheiten

Yo me encar**gué** de buscar un restaurante. Sa**qué** unas fotos. Empe**cé** bastante tarde.	♦ Bei Verben, die auf -car/-gar/-zar enden, ändert sich in der ersten Person Indefinido die Schreibung des Konsonanten vor der Endung folgendermaßen: g → **gu** c → **qu** z → **c**

Ejercicios

E 10.1 Hablando se entiende la gente

1. ¿Qué hacen muchos madrileños los domingos cuando hace buen tiempo y por qué?
   ¿Por qué van precisamente allí?
   ¿Qué busca Conchi en el Rastro?
   ¿Son caras las cosas que compra Conchi?
   ¿Compra Conchi las cosas a cualquier precio?

2. ¿De qué hablan Violeta y Estrellita cuando se ven en el Rastro?
   Cuente usted por qué no fue Estrellita a la reunión de ex alumnas.
   ¿Fueron a la reunión todos los profesores?
   ¿Qué dice Violeta del profesor de Ciencias Naturales?
   ¿Por qué no le enseñó Violeta las fotos a su amiga?

E 10.2 A regatear

Usted va al Rastro y quiere comprar algo. Ya sabe que tiene que regatear. Practíquelo como hace Conchi en el texto de la lección.

Menú

la talla:	*Größe (bei Kleidung)*	
el número:	*Größe (bei Schuhen)*	¿Qué talla usa usted/usas tú?
usar/llevar/gastar:	*brauchen/tragen*	¿Qué número gasta usted/gastas tú?
me queda bien/mal:	*es steht mir gut/nicht gut*	
largo/a - corto/a:	*lang/kurz*	Me está/queda algo largo/corto.
ancho/a - estrecho/a:	*weit/eng*	Me está/queda muy estrecho/ancho.
me vale/no me vale:	*es paßt mir/es paßt mir nicht*	

E 10.3 Siempre se habla del tiempo

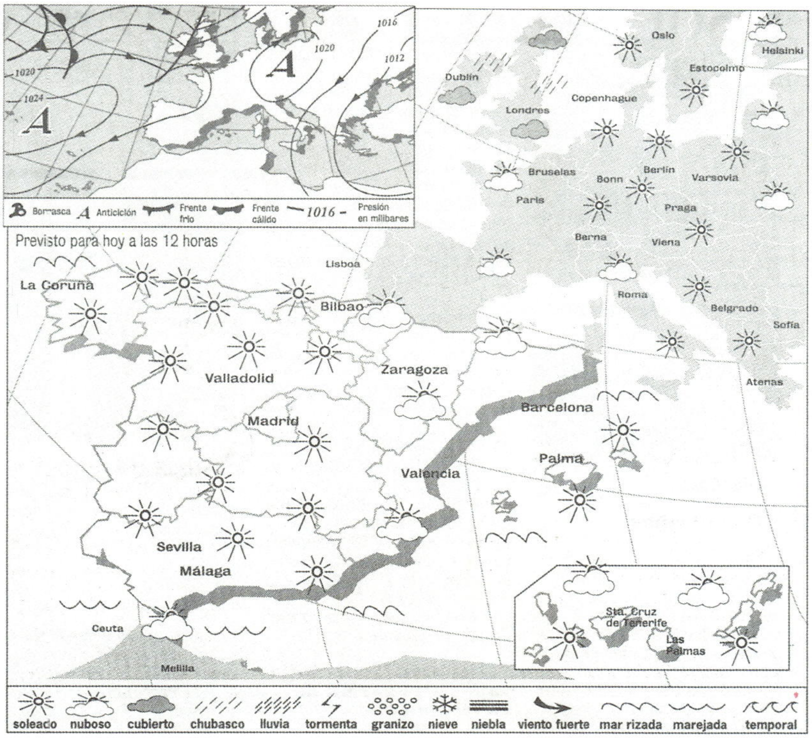

nieva / está nevando

llueve / está lloviendo

hace buen tiempo

hace calor

1. Mire usted el mapa. ¿Qué tiempo hace en las diferentes regiones?
2. ¿Por qué van muchos turistas en verano a los países del sur?
3. ¿Qué estación del año prefiere usted y por qué?
4. ¿Qué tiempo debe hacer para hacer una excursión[1] o una fiesta?
5. ¿Cuándo están contentos con el tiempo
   a) los esquiadores[2],
   b) los que practican el surfing?
6. ¿Cuándo está usted contento/a con el tiempo? ¿Por qué?
7. ¿Qué tiempo hace en su país en invierno?

hace frío

hace mal tiempo

hace viento

hace sol

hay niebla

[1]la excursión: *der Ausflug*   [2]los esquiadores: *die Skiläufer*

E 10.4 ¡Qué comparaciones!

Ejemplo:

Mi padre	- 8 horas	- 150 mil pesetas al mes.
Mi hermano	- 6 horas	- 180 mil pesetas al mes.
Mi jefe	- 10 horas	- 240 mil pesetas al mes.

Mi padre trabaja más horas que mi hermano, pero no tantas como mi jefe.
Mi hermano trabaja menos horas que mi padre pero gana más que él.

1. **En el curso de Conchi**
   5 chicos y 12 chicas
   4 clases de inglés a la semana
   4 profesoras y 2 profesores

   En el de Laura
   15 chicos y 6 chicas
   3 clases de inglés a la semana
   3 profesores y 3 profesoras

2. **Hombres en España**
   x millones
   trabajan 9,3 millones
   pocos sin trabajo

   Mujeres en España
   x millones + 800 mil
   trabajan 3,7 millones
   muchas sin trabajo

3. **Dos buenas amigas**

Pilar	Eva
22 años	18 años
muy guapa	algo fea
trabaja 8 horas	trabaja 8 horas
le gusta la música clásica	le gusta la música pop
toca la guitarra[1] regular	toca la guitarra bien

4. **Ofertas de viajes de la agencia Trotamundos**

a Cuba y México	a Perú	a La República Dominicana
17 días	11 días	10 días
129.000 ptas.	156.900 ptas.	97.900 ptas.
hotel 2 estrellas	hotel 4 estrellas	hotel 3 estrellas

E 10.5 Ojo[2] de detective

Dos amigos o amigas han quedado en encontrarse en un bar o una cafetería después de clase o de salir del trabajo. Uno de ellos llega demasiado tarde a la cita y no ve al amigo o a la amiga por ninguna parte. Le pregunta al camarero y le describe[3] la persona:

Ejemplo:
☺ Oye, ¿has visto a Eva?
☻ ¿A Eva? ¡Yo no conozco a ninguna Eva!
☺ ¡Sí, hombre! Eva es una chica delgada, alta, morena, de pelo largo, con gafas. Lleva una blusa blanca, un jersey azul, tejanos[4] y botas negras.
☻ Ah, sí, creo que una chica como tú dices ha estado aquí tomando un café, pero acaba de irse.

Ahora busca usted a un/una compañero/a de clase y hace lo mismo.

---

[1] tocar la guitarra: *Gitarre spielen* [2] el ojo: *das Auge* [3] describir: *beschreiben* [4] los tejanos: *Jeans*

E 10.6 ¿Es mío o es tuyo?

1. ☺ ¿Es ... esta casete, Conchi?
   ☻ No, no es ... ; ... están aquí.

2. ☺ ¿Es ... aquel coche, señor?
   ☻ No, no es ... , es de un amigo. ... está estropeado y no funciona.

3. ☺ ¿Son ... estos rotuladores?, pregunta Paco a sus amigos.
   ☻ Sí, son ... . Son bonitos, ¿verdad?
   ☺ Voy a tomar el rojo, ¿vale? Es que no tengo aquí ... .

4. ☺ Estas revistas no son ... . ¿Son ..., Conchi?
   ☻ No, ... tampoco son. Pregúntale a esa chica a ver si son ... .

E 10.7 ¿Este, ése o aquél?

Javi está hablando por la ventana (planta baja) con su amigo Pepe que está sentado en su habitación escuchando casetes y ordenando sellos.

Javi ¿Qué casete es ... que estás escuchando?
Pepe ... es una casete del grupo "Mecano"; ... es mi música preferida.
Javi Y ... sellos que tienes ... encima de la mesa ¿son nuevos?
Pepe No, ... sellos ya los conoces. Los sellos nuevos son ... que están encima de la cama. ¿Y tú, qué llevas en ... bolsa de plástico que tienes ... a tu lado?
Javi En ... bolsa llevo unas playeras que acabo de comprar.
Pepe ¿Y qué es ... que tienes en el bolsillo de la cazadora[1]?
Javi ¿... que tengo ...? (Javi saca algo del bolsillo.) Son unas gafas de sol. ¿Quieres verlas?

**
E 10.8 En castellano

1. - Das ist das Haus meiner Eltern und das sind meine Freunde. Die Herren dort sind unsere Gäste.
   - Sind das deine Eltern?
   - Nein, das sind die Eltern meines Freundes. Meine Eltern stehen dort, neben dem Tisch.

2. - Hast du am Montag Zeit?
   - Nein, montags habe ich den ganzen Tag Unterricht.

3. - Diese Jeans steht dir gut, aber die Turnschuhe gefallen mir nicht.
   - Mir auch nicht, aber ich habe keine anderen.
   - Welche Nummer brauchst du?
   - Ich brauche die Nummer 42.
   - Ich habe zu Hause ein Paar Turnschuhe dieser Größe. Sie sind mir zu klein. Wenn du sie willst und sie dir passen, gebe ich sie dir.
   - Gut, dann gehen wir, ich probiere sie an[2].

---

[1] la cazadora: *Jeansjacke* [2] anprobieren: *probar (-ue)*

E 10.9 Así fue

1. *Cuente usted en indefinido lo que pasó.*

a) El señor de la boina:
- llega al hotel
- aparca el coche delante de la puerta
- pregunta por una habitación
- el portero le entrega la llave
- don Vicente y su hijo sacan el equipaje del coche
- lo llevan a la habitación
- a su mujer no le gusta la habitación
- don Vicente baja a reclamar
- el portero les enseña otra
- la nueva habitación sí les gusta
- se duchan y bajan a cenar
- a las once de la noche se acuestan[1]

b) En el puesto de Conchi:
- una niña va al puesto de Conchi
- mira la ropa, pero no le gustan las cosas
- no compra nada
- luego llegan otras niñas
- algunas cosas les gustan mucho
- preguntan por los precios
- regatean un poco
- compran varias cosas
- pagan y se van
- las cosas no son caras

2. *Ordene usted la historia y póngala en indefinido.*

La reunión de antiguas alumnas:
- todas las chicas se levantan a saludarle
- Violeta, en cambio, sí va a la reunión
- continúan la fiesta allí
- el viejo "profe" se emociona un poco
- Estrellita no va a la reunión
- algunas van a una discoteca
- van casi todas las chicas
- a la una de la mañana termina la reunión
- la reunión es muy interesante
- pero no todas las chicas regresan a casa
- cuando llega el "terrible" profesor de Ciencias Naturales
- Violeta saca varias fotos

Mafalda. © Joaquín Salvador Lavado (Quino)

[1] acostarse (-ue): *zu Bett gehen*

E 10.10 ¿Dónde lo compraste?

Ejemplo: bicicleta (tú) - comprar - Galerías Valencianas

☺ ¡Qué bicicleta más bonita tienes! ¿Dónde la compraste?
☻ La compré en Galerías Valencianas.

1. jersey (tú)	-	comprar	-	no comprar, regalar mis padres
2. tejanos (Cristina)	-	costar mucho	-	no ser muy caros
3. falda (Violeta)	-	comprar	-	comprar en las rebajas
4. corbata (tú)	-	costar	-	no saber, regalar mi madre
5. reloj (tú)	-	comprar	-	el Corte Italiano, ser caro

E 10.11 En el mercado

Decida usted entre el perfecto o el indefinido.

- Hola, Estrellita, ¿ya te (mudar) de piso?
- Sí, me (mudar) el mes pasado.
- Y ¿cómo (encontrar, tú) ese piso?
- Es el piso de un amigo de Jaime. El se (ir) al extranjero para tres años y nos (dejar, él) el piso.
- ¡Qué suerte! Yo también estoy buscando piso, pero hasta ahora no (encontrar, yo) nada. ¿Sigue Jaime trabajando en la misma empresa que antes?
- No, ya no. En agosto (comenzar, él) a trabajar en otra empresa. Está muy contento. ¿Te (entregar, ellos) ya las fotos que (llevar, tú) a revelar la semana pasada?
- No, todavía no me las (entregar, ellos). Ya (llamar, yo) varias veces para preguntar si ya están listas, pero todavía no las (revelar, ellos). ¿Por qué no (ir) Jaime el otro día contigo al Rastro?
- A él no le gusta el Rastro. Dos amigos y él (ir) a la Plaza Mayor. Allí (pasar, ellos) toda la mañana mirando y comprando sellos[1]. Luego nos (encontrar, nosotros) en casa de mis padres para comer. Parece que (comprar, él) algunas cosas, pero a mí todavía no me las (enseñar, él).
- Bueno, te dejo, que tengo prisa. Hoy espero visita y todavía no (comprar, yo) nada. Hasta luego.

**

E 10.12 Jugando se aprende

Repita usted la frase de su compañero y añada algo más.

Ejemplo: A: Mañana voy de viaje a Costa Rica, por eso he metido en la maleta una camisa blanca.
B: Mañana voy de viaje a Costa Rica, por eso he metido en la maleta una camisa blanca y un pantalón azul.
C: ... etc.

[1] *Auf der Plaza Mayor in Madrid treffen sich jeden Sonntag Briefmarken- und Münzensammler.*

**

E 10.13 En castellano

Auf dem Rastro

Ein junges Mädchen fragt an einem Stand nach Schuhen. Sie erklärt der Verkäuferin ihr Problem.

- Also, die Sache ist so: ich suche ein Paar bequeme[1] Schuhe, die sollen aber nicht so aussehen wie bequeme Schuhe.
- In welcher Farbe?
- Nun, schwarze mag ich eigentlich nicht, lieber braune.
- Und welche Größe haben Sie?
- Das ist mein Hauptproblem. Mein linker Fuß ist größer als der rechte. Links brauche ich Nummer 38 und rechts nur Größe 37.
- Dann bringe ich Ihnen mal ein paar Modelle ... Hier, wenn Sie die mal anprobieren wollen.
- Diese hier gefallen mir gar nicht. Sie sind mir zu breit. Diese hier aber sind ganz hübsch.

Sie zieht sie an[2] und geht ein paar Schritte[3].

- Schade, die sind [zwar] hübsch, aber sie sind mir zu eng. Könnten Sie mir die grünen dort bringen?
- Selbstverständlich. Aber die haben wir leider nur noch in Größe 37. Die sind Ihnen wahrscheinlich zu klein. Aber wenn Sie wollen ...
- Sie haben Recht, sie passen auch nicht. Vielen Dank.

E 10.14 Es cuestión de estilo[4]

Ejemplo: Miguel *ya no* fuma.
Miguel *ha dejado de* fumar.

1. *Todavía está* buscando trabajo.
2. Han llegado *ahora mismo.*
3. Este niño come chocolate *continuamente.*
4. La hija mayor *todavía* vive con sus padres.
5. El Sr. Moreno *ya no* lee el ABC.
6. Dos de sus hermanos *todavía* trabajan en el extranjero.
7. No tengo hambre porque he comido *hace un ratito.*
8. *¿Aún* tenéis interés en comprarle la moto?
9. *Repite* que va a dejar de fumar *con mucha frecuencia.*
10. El "profe" *no* es tan *duro* como antes.

---

[1]bequem: *cómodo/a*
[2]anziehen: *ponerse*; (bei Schuhen) *calzarse*
[3]ein paar Schritte gehen: *dar unos pasos*
[4]es cuestión de estilo: *es ist eine Frage des Stils*

**

E 10.15 Colores

Conteste usted a las siguientes preguntas.

1. ¿De qué color son las luces[1] de un semáforo? ¿Cuál es su función?
2. "Fernando está verde en matemáticas" significa:
   a) Fernando sabe mucho de matemáticas,
   b) Fernando no sabe nada de matemáticas,
   c) Fernando se pone verde estudiando matemáticas.
3. Cuando su mamá hace paella, Pepito "se pone morado". Significa:
   a) Pepito se enfada mucho,
   b) Pepito come muchísimo,
   c) Pepito se pone malo.
4. ¿De qué color es la bandera[2] española? ¿Y la de su país?
5. Hay chistes políticos y humor negro. ¿Sabe usted qué son "chistes verdes"?
6. Los españoles hablan de "viejos verdes". ¿Sabe usted qué son?
7. ¿En qué casos se dice "marrón" y en qué otros "moreno"? Forme usted frases.
8. "Está sin blanca" significa:
   a) Blanca no está en casa,
   b) no tiene dinero,
   c) no tiene camisa blanca.
9. Cuando tiene un examen "las pasa negras" significa:
   a) sólo pasan las negras,
   b) ve el mundo negro,
   c) tiene problemas.
10. Los pesimistas ven el mundo de color ..., los optimistas, en cambio, lo ven de color ... .
11. ¿Sabe decir cuáles son los colores del arco iris?[3]

** A cantar

De colores

De colores se visten los campos en la primavera,
de colores los pájaros raros que vienen de fuera,
de colores es el arco iris que vemos lucir
y por eso los muchos colores,
los ricos amores
me gustan a mí.

(Canción popular)

[1]la luz: *das Licht* [2]la bandera: *die Flagge* [3]el arco iris: *der Regenbogen*

LECCIÓN 11

Leyó su carta en una revista

Yeney es una india chiquitana. Nació en Lomerío, un pueblecito boliviano perdido en la selva amazónica. Lleva unos años viviendo en Santa Cruz de la Sierra en casa de unos tíos. Sus padres la mandaron allí a hacer el bachillerato porque en Lomerío no hay colegios de secundaria. Sus tíos perdieron hace cinco años a uno de sus hijos en un accidente. Por eso la recibieron en casa como a una hija.
Unos meses antes de fin de curso, Yeney leyó en una revista que vio en el colegio la siguiente carta de una chica guatemalteca:

¡Hola!

Tengo 17 años. Soy una muchacha alegre y deportista.
Tengo una hermanita de cinco años y, desde hace un mes, un perro que se llama Yaki.
Hace dos años que salí del colegio. Desde entonces estoy haciendo un aprendizaje de relojera. Termino dentro de medio año.
Me gustaría hacer amistad con chicos o chicas de mi edad.
Mis pasatiempos preferidos son el baile, la natación y tocar la guitarra. Si quieres, puedes escribirme y contarme algo de tu vida.
Te prometo que te voy a contestar.
Saludos.

Liliana Fernández Velázquez
C./Infanta 1061
Tikal
Guatemala

Yo tuve suerte

Después de la fiesta de fin de curso, Yeney le escribió a Liliana:

Querida Liliana,

Leí tu carta en una revista que vi en el colegio y me gustaría hacer amistad contigo. Yo me llamo Yeney y tengo 18 años. Nací en Lomerío, un pueblecito en el este de Bolivia. Tengo 5 hermanos. Hace poco hice el examen de bachillerato y lo aprobé con buenas notas. Soy la primera chica de mi pueblo que hizo el bachillerato. Ahora mi familia está muy orgullosa de mí, y yo también, claro. Mis hermanos mayores tuvieron que empezar pronto a trabajar para ayudar a la familia, sólo pudieron ir a la escuela primaria. A mí, en cambio, mis padres me permitieron hacer el bachillerato. Yo tuve suerte.

Hace dos meses tuvo lugar la entrega de diplomas. Fue una gran fiesta. Vino toda mi familia a Santa Cruz. Bueno, estuvieron todos menos Rulfo, uno de mis hermanos. El lleva medio año en la mili y, aunque hizo todo lo posible por venir, no pudo, no le dieron permiso. Lo eché mucho de menos, pero ayer recibí una carta suya felicitándome. Me alegré muchísimo.

El director del liceo nos entregó los diplomas personalmente, nos dio la enhorabuena y nos deseó suerte para el futuro. Después hicimos una pequeña fiesta y tuvimos que bailar, los chicos con sus mamás y yo con mi papá. Fue muy emocionante.

Ahora quiero estudiar en La Paz. He solicitado una beca. Envié la solicitud hace dos meses y estoy esperando la contestación.

Mis pasatiempos preferidos son leer, oír música y hacer deporte, sobre todo jugar al vóleibol. Si me escribes, envíame una foto tuya para ver cómo eres.

Un abrazo.

Yeney

Gramática

G 11.1 Das Indefinido der Verben auf "-er" und "-ir"

nacer	nací	vivir	viví	♦ Die Verben auf **-er** und **-ir** haben gleiche Endungen.
	naci**ste**		vivi**ste**	Einsilbige Formen ohne Akzent:
	naci**ó**		viv**ió**	ver: yo **vi**, él **vio**;
	naci**mos**		vivi**mos**	ser/ir: yo **fui**, él **fue**
	naci**steis**		vivi**steis**	dar: yo **di**, él **dio**
	nac**ieron**		viv**ieron**	

G 11.2 Das Indefinido der Verben "dar" und "ver"

dar	**di**	**diste**	**dio**	**dimos**	**disteis**	**dieron**
ver	**vi**	**viste**	**vio**	**vimos**	**visteis**	**vieron**

G 11.3 "vor" und "seit"

VOR

Zeitpunkt Salimos antes de las ocho.
Salimos antes de comer.
Salimos antes de la clase.

antes de { **+Zeitangabe** / **+Infinitiv** / **+Substantiv**

Zeitraum Llegó hace tres meses.
Hace tres meses que llegó.

Verb + hace + Zeitangabe
hace + Zeitangabe + que + Verb *(Vergangenheit)*

SEIT

Zeitpunkt Está aquí desde las ocho.
Está aquí desde la fiesta.

desde { **+ Zeitangabe** *(Uhrzeit, Datum, ...)* / **+ Substantiv** *(Ereignis, Geschehen, ...)*

Zeitraum Hace un mes que trabaja allí.
Trabaja allí desde hace un mes.

hace + Zeitangabe + que + Verb *(Verb im Präsens)*
desde hace + Zeitangabe

Llevo dos años estudiando.
Lleva una semana estropeado.
Lleva un mes enferma.
Llevamos dos días aquí.
Llevan diez días sin venir.
Llevo dos años sin trabajo.

llevar + Zeitangabe { **+ Gerundio** / **+ Partizip** / **+ Adjektiv** / **+ Ortsangabe** / **+ sin + Infinitiv** / **+ sin + Substantiv**

G 11.4 Das Indefinido der Verben "tener", "estar", "poder", "hacer" und "venir"

tener:	estar:	poder:	hacer:	venir:
tuve	**estuve**	**pude**	**hice**	**vine**
tuviste	**estuviste**	**pudiste**	**hiciste**	**viniste**
tuvo	**estuvo**	**pudo**	**hizo**	**vino**
tuvimos	**estuvimos**	**pudimos**	**hicimos**	**vinimos**
tuvisteis	**estuvisteis**	**pudisteis**	**hicisteis**	**vinisteis**
tuvieron	**estuvieron**	**pudieron**	**hicieron**	**vinieron**

Ejercicios

E 11.1 Hablando se entiende la gente

1. ¿Dónde nació Yeney?
   ¿Por qué vive en Santa Cruz de la Sierra?
   ¿Por qué sabe Yeney que Liliana quiere escribirse con jóvenes de su edad?
   ¿Puede repetir lo que escribe Liliana?

2. ¿Quién es Liliana?
   ¿Por qué ha escrito una carta en una revista?
   ¿Qué le gusta hacer?

3. ¿Cómo se presenta Yeney a Liliana? Yeney le escribe que...
   ¿Hicieron sus hermanos mayores también el bachillerato?
   ¿Han hecho muchas chicas de Lomerío el bachillerato?
   ¿Cómo fue la fiesta de entrega de diplomas?
   ¿Estuvieron todos sus hermanos en la fiesta?
   ¿Qué planes tiene Yeney para el futuro y cómo piensa realizarlos?

E 11.2 Eso ya pasó hace tiempo

Ejemplo: quién (leer) la carta de Liliana - Yeney y sus amigas
☺ ¿Quién leyó la carta de Liliana?
☻ La leyeron Yeney y sus amigas.

1.		(leer) la carta	-	los padres de Yeney
2.		(escribir) Yeney la carta	-	después de fin de curso
3.		(recibir, tú) esta carta	-	ayer
4.	qué	(leer, tú) ese anuncio	-	en una revista
5.	cómo	(beber) las chicas en la fiesta	-	limonada
6.	quién	(nacer, tú)	-	(?)
7.	cuándo	(salir) tus padres de Lomerío	-	7 de la mañana
8.	dónde	(devolver, vosotros) las zapatillas	-	no nos gustaron
9.	por qué	(comer, ustedes) ayer	-	en un restaurante cerca del colegio
10.		(subir) las maletas a la habitación	-	papá y yo
11.		(vivir, tú) de pequeño/a	-	(?)
12.		(recibirla) sus tíos como a una hija	-	perder a uno de sus hijos en un accidente

Mafalda. ©Joaquín Salvador Lavado (Quino)

E 11.3 Así fue

Cuéntelo usted en indefinido.

Yeney entra en casa y ve una revista encima de la mesa. La abre y lee algunos titulares[1]. De pronto ve una página con cartas de chicos y chicas de su edad. Yeney coge la revista y la lleva a su habitación. Cuando termina de leerla, la mete en la cartera. Al día siguiente, antes de la clase, se la enseña a su amiga Tamara. A Tamara también le interesan las cartas de esos jóvenes. Las dos deciden escribirles. Después de la última clase, van las dos a casa de los tíos de Yeney. Suben a la habitación, toman papel y bolígrafo y escriben las cartas. Yeney escribe a una chica guatemalteca, Tamara a una cubana. Luego las meten en un sobre y las cierran. Le dan las cartas a su tía y ella les promete echarlas después de comer.

E 11.4 De esto hace tiempo

Estructuras correspondientes a "vor" y "seit".

Ejemplos:

I Salir de casa *antes de* las 7 de la mañana.	Salió de casa *hace* un cuarto de hora.
II Esperar en la estación *desde* las 7.	Espera en la estación *desde hace* un cuarto de hora. *Hace* un cuarto de hora *que* espera. *Lleva* un cuarto de hora *esperando*.

1. Viven en Santa Cruz	1-VI-1988	cinco años.
2. Está en la mili	IV	cuatro meses.
3. No ha visto a su familia	el martes	dos días.
4. Son amigos	la fiesta	mes y medio.
5. No vienen por aquí	la semana pasada	ocho días.
6. Llegó al cole	las nueve y media	veinte minutos.
7. Nos llamaron	la entrega de diplomas	un rato.
8. Salieron de casa	la comida	un momentito.
9. El ascensor no funciona	ayer	dos días.
10. Está enferma	mediados de mayo	tres semanas.

[1] el titular: *die Überschrift*

E 11.5 ¿Qué hicieron?

Cuente usted lo mismo en indefinido.

a) Yo el día de la fiesta ...
b) Tamara y yo ...

El día de la fiesta (salir) temprano de casa y (ir) a la parada del autobús. El autobús (llega) con retraso. Durante ese tiempo (leer) un artículo de la revista que (comprar) en el quiosco de la plaza. Cuando (llegar) el autobús (meter) la revista otra vez en el bolso, (subir) y (sentarse). Poco después (sacar) de nuevo la revista y (leer) algunos artículos para no aburrirme. Cuando (llegar) a la parada (bajarse) del autobús y (ir) directamente al colegio.

(Subir) al primer piso y (encontrar) a los otros de mi curso. Los (ver) a todos muy alegres. Luego (bajar) al salón. Al entrar (ver) a mi familia, pero a Rulfo no lo (ver). ¿Por qué no está Rulfo? (pensar). Luego me (contar) mi mamá que sus "jefes" no le (dar) permiso, no le (permitir) venir. Lo (echar, yo) mucho de menos.

La entrega de diplomas (ser) muy emocionante. El director nos (entregar) los diplomas y nos (dar) la enhorabuena. Luego (salir, yo) con mis padres y hermanos del colegio y (ir) a comer. Por la tarde, durante la fiesta que (organizar) el colegio, (bailar, yo) con mi papá. Los chicos (bailar) con sus mamás. Cuando (terminar) la fiesta (volver) a casa con mis padres. Para mí (ser) un gran día en mi vida.

E 11.6 ¿Quién, cómo y dónde fue?

Ejemplo: con quién - (ir, tú) ayer de paseo - yo solo
☺ ¿Con quién fuiste ayer de paseo?
☻ Con nadie, fui solo.

1. con quién (ir, vosotros) al baile - con Tamara
2. a qué hora (estar, ellos) ayer aquí - a las 9 y media
3. cómo (escribir, usted) la carta - a máquina
4. quién (tener) que acompañar a las chicas - sus padres
5. adónde (ir, vosotras) después de la entrega de diplomas - a comer
6. dónde (ver, tú) el anuncio - en el periódico
7. dónde (estar, tú) el verano pasado - en La República Dominicana
8. dónde (nacer) tus padres - en Tikal, Guatemala

E 11.7 Vamos a ver por qué

Formule preguntas y respuestas en indefinido con la información siguiente.

Ejemplo: Yeney no (poder) ir a la fiesta - sus padres no se lo (permitir).
Yeney no pudo ir a la fiesta porque sus padres no se lo permitieron.

1. Rulfo no (poder) venir - sus jefes no (dar) permiso.
2. Su familia (llegar) tarde - (perder) el tren.
3. Sus hermanos no (hacer) el bachillerato - (tener) que empezar a trabajar.
4. Dos chicas no (estar) en la fiesta - no (aprobar) el examen.
5. Los padres de Tamara no (venir) a Santa Cruz - no (poder) pagar el viaje.

E 11.8 ¡Fui!

Pregunte usted lo mismo en indefinido y su compañero/a contesta.

Ejemplo: ¿No lees el periódico?
☺ ¿No leíste ayer el periódico?
☻ Sí, claro, lo leí después del desayuno.

1. ¿A qué hora sales de clase?
   ¿No vas a la fiesta?
   ¿No bailas con nadie?
   ¿Lo pasas bien en Santa Cruz?
   ¿Son amables contigo las otras chicas?
2. ¿Te permiten tus padres hacer la secundaria?
   ¿Tienes que estudiar mucho?
   ¿Sacas buenas notas en los exámenes?
   ¿Cuándo haces el examen?
3. ¿Están vuestros padres en la fiesta?
   ¿Lo pasan bien?
   ¿Tienen que bailar con vosotros?
   ¿Se van después de la entrega de diplomas?
4. ¿Os da el director la enhorabuena?
   ¿Hacéis luego una fiesta?
   ¿Pueden venir todos tus hermanos?
   ¿Tenéis que iros en seguida?

E 11.9 Todo lo quiere saber

Complete las frases con el indefinido del verbo correspondiente.

☺ ¿Le (escribir, tú) ya a Liliana?
☻ Sí, le (escribir, yo) ayer.

☺ ¿Estás segura de que Rulfo no (venir) ?
☻ Sí, claro, no lo (ver) al entrar.

☺ ¿Cómo es que tú (hacer) el bachillerato y tus hermanos no?
☻ Porque yo (tener) suerte. Mis hermanos no (poder) porque (tener que) trabajar para ayudar a la familia.

☺ Ayer no te (ver, yo) por aquí, te (echar, yo) mucho de menos.
☻ Es que ayer (estar) en la fiesta de fin de curso y no (poder) pasar por aquí.

☺ ¿Qué tal (ser) la fiesta?
☻ (Ser) muy emocionante. Nosotras (tener) que bailar con nuestros padres.

**

E 11.10 En castellano

Yeney hat vor zwei Monaten ein Stipendium beantragt. Seitdem wartet sie auf Antwort. Sie hat das Abitur gemacht und ist sehr stolz. Gestern nachmittag kamen ihre Eltern aus Lomerío. Sie wollten dabei sein, wenn ihre Tochter das Diplom bekommt. Sie ist die Einzige in der Familie, die das Glück hatte, die Höhere Schule zu besuchen. Ihre Brüder konnten das Gymnasium nicht besuchen, weil sie früh anfangen mussten zu arbeiten. Ihr Bruder Rulfo ist seit einigen Monaten beim Militär und konnte leider nicht kommen. Yeney vermisste ihn sehr. Er schrieb ihr aber einen sehr schönen Brief und gratulierte ihr. Yeney freute sich sehr darüber.

Zuerst händigte ihnen der Direktor die Zeugnisse aus, dann feierten *(machten)* sie ein Fest. Alle mussten dabei tanzen, die Mädchen mit ihren Vätern und die Jungen mit ihren Müttern. Einige machten dauernd Fotos. Es war ein großartiger Tag. Alle blieben bis zum Schluss. Yeneys Eltern blieben noch eine Woche in Santa Cruz. Dann fuhren sie nach Lomerío zurück. Yeney fuhr mit ihnen.

E 11.11 ¿Cuál es su pasatiempo?

Usted escribe en una revista una carta como Liliana y cuenta cuál es su deporte preferido.

monopatín

baloncesto

patinaje

atletismo

remo

ciclismo

gimnasia

yudo

esquí

fútbol

tenis

vóleibol / balonvolea

E 11.12 ¡Cuéntame!

Hable con su compañero/a.

1. *Cuente usted quién es Yeney, por qué vive en Santa Cruz de la Sierra, desde cuándo, etc.*
2. *Entreviste a Estrellita (Lección 10) y pregúntele cómo fue la última reunión de ex alumnas, dónde, cuántos, qué tal, etc.*
3. *Cuente por qué vive usted aquí, desde cuándo, por qué decidió estudiar, etc.*

**
E 11.13 Aprender jugando

Frases en cadena: comience la siguiente frase con la primera letra de la palabra final de la anterior.

Ejemplo: En verano voy a ir a **C**uba.
Colón estuvo **a**llí.
A lo mejor voy yo **t**ambién.
Tengo ganas de ir a **M**éxico.
M ...

** A cantar

Guantanamera

Guantanamera, Guajira Guantanamera

1. Yo soy un hombre sincero
de donde crece la palma,
y antes de morirme
quiero echar mis versos del alma.

2. Mi verso es de un verde claro
y de un carmín encendido;
mi verso es de un ciervo herido
que busca en el monte amparo.

Guantanamera, ...

3. Con los pobres de la tierra
quiero yo mi suerte echar.
El arroyo de la sierra
me gusta a mí más que el mar.

Guantanamera, ...

**
E 11.14 "Puedo perdonar[1], pero no con el silencio[2]"

Ejercicio de lectura y comprensión.

Cuando Liliana recibió la carta de Yeney se alegró muchísimo y le contestó en seguida. Primero le contó cosas de su vida y de su familia. Luego le contó también algo de su país. Entre otras cosas lo siguiente:
La semana pasada estuvo aquí en Tikal Rigoberta Menchú. ¿Has oído hablar de Rigoberta Menchú? Es una india maya, guatemalteca como yo. Yo soy mestiza, pero quiero mucho a Rigoberta. Ella es ahora un ideal para toda la juventud de Guatemala.

Hace unos años, en 1992, le dieron el Premio Nobel de la Paz[3] y eso fue una gran alegría para todo el país. Incluso el Presidente la recibió en su palacio. Desde entonces Rigoberta viaja por todo el mundo y naturalmente también por nuestro país. Salimos todos a la plaza a verla. Habló en favor de los derechos[4] de los indios, porque aquí en Guatemala la vida de los indios es muy dura. Los blancos y los extranjeros les han quitado sus tierras y ellos viven muy pobremente.

Ahora Rigoberta es muy popular tanto en Guatemala como en otros países. Ella nació en Quiché, en el oeste de Guatemala. De pequeña no pudo ir a la escuela porque tuvo que trabajar con su padre y sus hermanos en las plantaciones de café. Aprendió español de mayor. La lengua que aprendió de su mamá fue la lengua de los mayas. Su padre luchó[5] mucho por los derechos de los indios y por eso los militares lo mataron[6] a él y a sus hijos en 1980. Rigoberta pudo salir de Guatemala e ir a México. Desde que mataron a su padre, es Rigoberta quien continúa la lucha en favor de los indios. Pero ella no habla nunca de venganza[7] porque es muy cristiana.
Ella ha dicho una frase que a mí me gustó mucho: "Puedo perdonar, pero no con el silencio".
¿No te parece también a ti maravillosa[8]?

[1]perdonar: *verzeihen* [2]el silencio: *das Schweigen* [3]el Premio Nobel de la Paz: *der Friedensnobelpreis*
[4]los derechos: *die Rechte* [5]luchar: *kämpfen* [6]matar: *töten*
[7]la venganza: *die Rache* [8]maravilloso/a: *wunderbar*

**

E 11.15 ¿Lo sabías?

1. Seguramente conoce o ha oído hablar de las culturas precolombinas: los Incas, los Aztecas y los Mayas.
   ¿Puede decir en qué países vivían estas culturas?

2. Para los españoles fue una ciudad secreta. Hoy es un centro importante de turismo en el Perú. ¿Qué ciudad es?

3. ¿Qué países sudamericanos combinan con las siguientes exportaciones: petróleo, bananos, café, carne?

4. Es un pintor mexicano muy conocido. Pintó murales[1] muy famosos.
   ¿Cómo se llama?

5. Tiene un nombre muy conocido, es pariente de un presidente chileno y escribió “La casa de los espíritus”.
   ¿La conoce?

6. Escribió sus memorias con el título “Confieso[2] que he vivido” y un librito de poemas muy conocido: “Veinte poemas de amor y una canción desesperada”. Nació en Chile y fue muy amigo de Salvador Allende.
   ¿Sabe de quién hablamos?

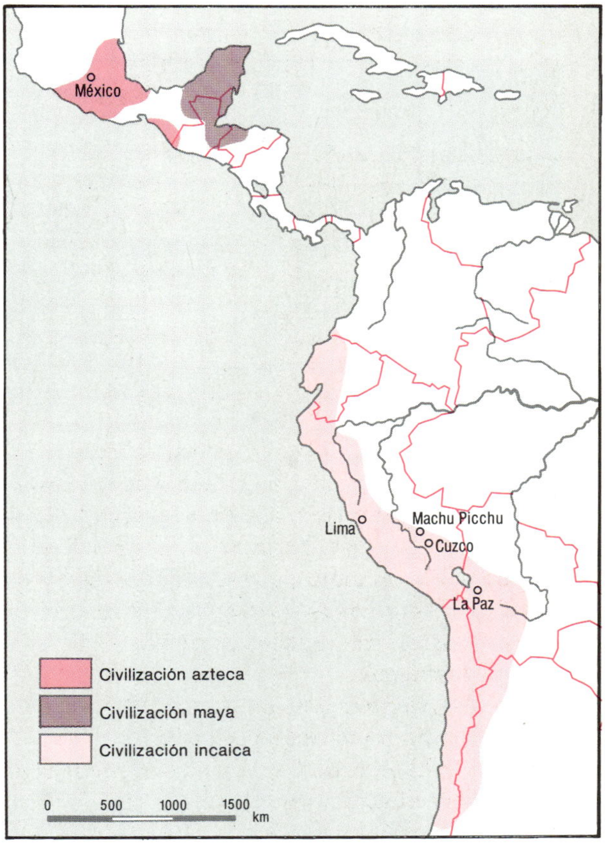

[1]los murales: *hier: die Wandbilder* [2]confesar: *bekennen, gestehen*

LECCIÓN 12

Escenas de la vida antes y ahora

① *El turismo ha cambiado a Benidorm* ②

③ *Producción artesanal* ④

⑤ *Producción industrial*

⑥ *Los transportes* ⑦

⑧ *Un puente antiguo (Córdoba)*

⑨ *Un puente moderno (Sevilla)*

⑩ *El trabajo en el campo* ⑪

Cuando yo era joven ... (Un nieto preguntón)

La abuela Marina hace años que perdió al marido. Desde entonces vive con su hija. La ayuda en lo que puede y cuida de los nietos. Cuando no tiene otra cosa que hacer, se sienta en la mecedora a hacer punto.

Un día, después de ver los dibujos animados, Juanito, uno de sus nietos, le pregunta:

Juanito ¿Cuando tú eras pequeña veías mucho la tele, abuela?

Abuela No, hijo, cuando yo era niña no había televisión. Yo ni siquiera tenía una radio.

Juanito ¿No era aburrida la vida sin televisión y sin radiocasete, abuela?

Abuela ¡Ni mucho menos! Nosotros no nos aburríamos. En el pueblo había un salón donde nos reuníamos, cantábamos y bailábamos. Poníamos un viejo tocadiscos que había allí y lo pasábamos muy bien.

Juanito ¿Conociste allí al abuelo?

Abuela No, allí no. El abuelo era de Santiago y solía venir todos los años a la fiesta del pueblo. Yo ya le conocía de vista. Le había visto varias veces, pero a mí nunca me había hablado en plan serio. Aquel año, en cambio, en seguida noté que se fijaba mucho en mí. Yo estaba con otras amigas al lado de la tómbola y él me sacó a bailar. Así comenzó todo.

Juanito El te dijo que tú eras la más guapa del pueblo, que le gustabas mucho, que se había enamorado locamente de ti, que sin ti no podía vivir, que quería casarse contigo y todas esas cosas, ¿a que sí, abuela?

Abuela ¡Pues claro, como todos los enamorados!

Juanito ¿Fuisteis novios mucho tiempo? ¿Eras ya vieja cuando te casaste?

Abuela No, vieja no. Cuando nos conocimos yo tenía dieciocho años y él veintiuno. Fuimos novios tres años. Cuando el abuelo encontró un trabajo fijo nos casamos. Estuvimos 41 años casados.

Juanito ¿Fue el abuelo el único ligue que tuviste, abuela?

Abuela ¡Anda, anda, preguntón!

Los nietos se interesan por las viejas técnicas.

Erase una vez (La Cenicienta)

Erase una vez una niña que no tenía madre. La llamaban Cenicienta. Su padre se había casado por segunda vez, y su nueva madre, la madrastra, la trataba muy mal. Cenicienta tenía que hacer todos los trabajos de la casa: cocinar, barrer, hacer las camas, ir de compras, en fin, todo. Era como la esclava de la casa.

~~Indefinido~~ Imperfecto

Un día dio el Rey un baile e invitó a todas las chicas en edad casadera, pero a Cenicienta no la dejaron ir. Tuvo que quedarse en casa limpiando la cocina. La pobre chica estaba muy triste. De pronto se le apareció un hada que transformó sus viejos vestidos en ropa de gala y la llevó en una carroza al palacio del Rey. Cuando Cenicienta entró y el Príncipe la vio, se enamoró inmediatamente de ella. Fue un flechazo. La sacó a bailar y estuvo bailando toda la noche con ella. A las otras invitadas las comía la envidia porque el Príncipe no se fijaba en ellas.

~~Imperfecto~~ Indefinido

Como la magia del hada sólo duraba hasta medianoche, cuando en el reloj de la torre sonó la primera campanada, Cenicienta dejó al Príncipe con la palabra en la boca y salió corriendo. Al salir perdió un zapato. El Príncipe lo recogió y gracias a él pudo encontrar a Cenicienta. Los dos se casaron y fueron muy felices.

Y colorín colorado, este cuento se ha acabado.

Gramática

G 12.1 Das Imperfekt *El imperfecto*

viajar		comer		vivir	
	viaj**aba**		com**ía**		viv**ía**
	viaj**abas**		com**ías**		viv**ías**
	viaj**aba**		com**ía**		viv**ía**
	viaj**ábamos**		com**íamos**		viv**íamos**
	viaj**abais**		com**íais**		viv**íais**
	viaj**aban**		com**ían**		viv**ían**

- ♦ Alle Formen sind endungsbetont, daher keine Diphthongierung im Stamm!
- ♦ Die Endungen der Verben auf -er und -ir sind gleich.
- ♦ Die Endungen der 1. und 3. Person Singular sind gleich.

G 12.2 Das Imperfekt der Verben “ser”, “ir” und “ver”

ser		ir		ver	
	era		**iba**		**veía**
	eras		**ibas**		**veías**
	era		**iba**		**veía**
	éramos		**íbamos**		**veíamos**
	erais		**ibais**		**veíais**
	eran		**iban**		**veían**

- ♦ Nur diese Verben sind im Imperfekt unregelmäßig.

G 12.3 Das Indefinido des Verbs “decir”

dije **dijiste** **dijo** **dijimos** **dijisteis** **dijeron**

G 12.4 Die Verwendung von Imperfecto und Indefinido

IMPERFECTO wird verwendet bei

- ♦ **Zustand** (Situation, Eigenschaft) zeitlich **nicht begrenzt**
  Yo no tenía radio.
- ♦ **Gewohnheit**
  ¿Veías mucho la tele?
- ♦ **Name, Alter, Farbe, Größe**
  Se llamaba Paco, tenía 22 años y era alto y moreno.

INDEFINIDO wird verwendet bei

- ♦ **Handlung** (Geschehen, Vorgang) zeitlich **abgeschlossen**
  El se enamoró de mí. Fuimos novios tres años.
- ♦ **einmalige** Handlung (bzw. abgezählte Male)
  Ayer te llamé tres veces.
  Me sacó a bailar.

Stehen mehrere Verben im Satz, lassen sich drei Fälle unterscheiden:

Mientras unos cantaban, otros bailaban.
≈≈≈≈≈
≈≈≈≈≈

- ♦ Soll hervorgehoben werden, dass mehrere Handlungen **gleichzeitig** abliefen, stehen die betreffenden Verben im **Imperfecto**.

Cuando él encontró trabajo, nos casamos.
• • •

- ♦ Werden die Handlungen als **aufeinander folgend** angesehen, so stehen die Verben im **Indefinido**.

En seguida noté que se fijaba en mí.
•
≈≈≈≈≈≈≈≈≈≈

- ♦ Setzt eine Handlung neu ein, während ein anderer Vorgang bereits abläuft, so steht der ablaufende Vorgang im **Imperfecto**, die neu einsetzende Handlung im **Indefinido**.

G 12.5 "conocí" ↔ "conocía"

¿Conociste allí al abuelo?
Hast du den Großvater dort kennen gelernt?
Ya le conocía de vista.
Ich kannte ihn schon vom Sehen.

♦ Bei **conocer** ändert sich die Bedeutung, je nachdem, ob es im Indefinido oder im Imperfekt steht.

G 12.6 Imperfecto und Indefinido in Kausalsätzen

Fuimos a vivir a Santiago porque allí le **dieron** un puesto de trabajo al abuelo.

♦ bei Ereignis/Handlung/Einzelfall/Entschluss/Folgerung: **Indefinido**

Fuimos a vivir a Santiago porque allí **había** más puestos de trabajo.

♦ bei Umstandsbeschreibung/Stand der Dinge/etwas bei sich haben: **Imperfecto**

G 12.7 Das Plusquamperfekt *El pluscuamperfecto*

Le **había visto** varias veces en el pueblo.

♦ Imperfekt des Hilfsverbs **"haber" + Partizip: había visto, habías visto, había visto, habíamos visto, habíais visto, habían visto**

G 12.8 Die indirekte Rede *El estilo indirecto*

El abuelo dijo: "Me gustas mucho, quiero casarme contigo."
Me dijo **que** le gustaba mucho, **que** quería casarse conmigo.

♦ In der indirekten Rede wird jeder Nebensatz mit **que** eingeleitet, auch wenn das Hauptverb nicht wiederholt wird.
Wie im Deutschen wird die 1. Person der Verben und Pronomen zur 3. Person.

Me preguntó: "¿Quieres casarte conmigo?"
Me preguntó **(que) si** quería casarme con él.

♦ Die indirekte Frage wird mit **(que) si** eingeleitet.

ZEITENFOLGE

"Yo me aburro."
Dice que ella se **aburre**.

♦ Steht das einleitende Verb in einer Gegenwartszeit, so bleiben die Zeiten wie in der direkten Rede.

"Eres la más guapa del pueblo."
Le **dijo** que **era** la más guapa del pueblo.

♦ Steht das einleitende Verb in einer Vergangenheitszeit (Indefinido, Imperfecto), so muss auch im Nebensatz eine Vergangenheitszeit stehen:

direkte Rede		*indirekte Rede*
Präsens	→	**Imperfecto** *(auch beim Hilfsverb)*
Perfecto	→	**Pluscuamperfecto**

"Me he enamorado de ti."
Le dijo que se **había enamorado** de ella.

Ejercicios

E 12.1 Hablando se entiende la gente

1. ¿Veía la tele la abuela de pequeña?
   ¿Qué hacía la abuela cuando era joven para no aburrirse?
   ¿Se vieron por primera vez los abuelos en la fiesta del pueblo?
   ¿Cómo se enamoraron?
   ¿Cree Vd. que es posible enamorarse después de verse una vez?
   ¿Qué le dice el chico enamorado a la chica de sus sueños o viceversa[1]?

2. ¿Cómo vivía Cenicienta y por qué?
   ¿Por qué invitó el Rey a todas las chicas en edad casadera?
   ¿Cómo consiguió Cenicienta ir a ese baile?
   ¿Por qué salió corriendo Cenicienta al oír la primera campanada?
   ¿Cómo la reconoció el Príncipe y qué pasó luego?

E 12.2 ¡Qué tiempos aquellos!

Diga usted cómo era antes.

Ejemplo: Yo ahora no voy en coche al trabajo.
Antes iba en coche al trabajo.

1. La juventud[2] ahora tiene muchas libertades.
2. Este año ha nevado poco.
3. Alicia y yo vivimos en un piso propio.
4. Los juguetes[3] de Juanito son ahora muy viejos.
5. Ahora la abuela ve la tele.
6. Los chicos van bien en el colegio.
7. Actualmente lees muchas novelas del oeste, Manolo.
8. Mis vecinos, ahora que son ricos, viajan mucho.
9. Hace tiempo que no vais por allí.
10. Marga y Hans entienden ahora perfectamente el español.
11. A mis hijos ahora les gusta la ópera.
12. Violeta y Estrellita se ven poco porque trabajan en distintas empresas.

[1]viceversa: *umgekehrt* [2]la juventud: *die Jugend* [3]los juguetes: *das Spielzeug*

E 12.3 Cuando la abuela tenía 18 años

Hace muchos años, la madre de la abuela, es decir, la bisabuela, describió así a su hija:

"Marina, mi hija pequeña, tiene 18 años, es una chica alegre, le gusta mucho ir a las fiestas y le encanta bailar. Pero también es muy trabajadora. Lee mucho. Además ayuda en casa cuando yo se lo pido. Cuando yo no estoy, hace ella todas las labores de la casa. Marina y yo nos entendemos muy bien. También mi marido está muy orgulloso de ella. Con sus hermanos se lleva muy bien, pero se ven poco porque los otros ya están casados y viven lejos".

Ahora la madre de Juanito le cuenta lo mismo a su hijo:

Cuando la abuela **tenía** 18 años ...

E 12.4 Ya había pasado

Dígalo en pluscuamperfecto.

1. Yo ya lo conocía. Lo (ver) varias veces por el pueblo.
2. Ya sabía lo del puesto de trabajo porque (ver, yo) el anuncio.
3. No fueron con nosotros al cine porque ya (ver, ellos) la película[1] dos veces.
4. Cuando los padres volvieron, los niños ya (hacer) la comida, como su madre les (decir).
5. Pasaron frío porque no se (poner, ellos) un jersey.
6. Ninguno de ellos (leer) el periódico todavía.
7. El plato estaba roto, pero ¿quién lo (romper)?
8. Se fueron a Vigo porque les (escribir, ellos) que tenían un trabajo para ellos.

E 12.5 Hay o está / había o estaba

Complete las frases siguientes.

1. Cuando yo era niña ... cosas que yo no comprendía.
2. Todos ... de acuerdo conmigo.
3. Hoy no se puede ir de compras, ... muchísima gente en las tiendas porque ... rebajas.
4. Cuando yo llegué, no ... nadie en casa.
5. Me han dicho que mañana no ... clase, porque el profesor ...enfermo.
6. Aquí ... antes muchos hoteles, pero ahora ya sólo ... uno y ... casi siempre medio vacío.
7. No pudimos pasar porque ... un accidente y la carretera ... cortada[2].
8. Tuvimos que hablar con ellos, porque todavía ... cosas importantes que decidir.
9. Cuando fue a recoger el coche ya no ... allí. Todavía ... varios coches aparcados, pero el suyo ya no ... .

---

[1]la película: *der Film*   [2]cortado/a: *(ab)geschnitten; hier: gesperrt*

E 12.6 El diario de la abuela

Blanquita, una de las nietas, descubrió en un cajón un viejo diario de la abuela. Lo abrió y empezó a leer. En una de las páginas había escrito la abuela cómo había conocido a su futuro marido. ¿Se imagina usted lo que escribió la abuela?

Ayer en la fiesta ...

Siga usted.

E 12.7 El colegio de la abuela

Cuando yo (comenzar) la escuela, el maestro me (sentar) en la última fila, porque yo (ser) de las más altas. La chica que (estar) sentada a mi lado se (llamar) Olvido. En mis tiempos los padres les (poner) a sus hijos nombres poco modernos. (Ser) una chica muy alegre y simpática. En seguida nos (hacer, nosotras) amigas y (ser, nosotras) amigas hasta que ella se (casar) y (irse) del pueblo.
El maestro que (tener, nosotras) (ser) un señor algo mayor que (usar, él) unas gafas muy gruesas[1] porque ya (ver, él) mal. Aunque en aquellos tiempos (ser) costumbre[2] pegarles[3] a los niños cuando no (saber, ellos) la lección, don Hilario - así se (llamar) el maestro - no (soler) pegarnos. (Ser) como un padre para nosotros. Todos los niños lo (querer) mucho.

El primer día de clase, don Hilario nos (preguntar) primero nuestros nombres y los (escribir, él) en una lista. Luego nos (contar, él) anécdotas[4] de su vida y de la escuela. El (saber) decir las cosas de un modo muy interesante.
En la escuela del pueblo (estar, yo) sólo 4 años, porque luego me (mandar) mis padres a un internado. Poco antes de terminar el bachillerato (comenzar) la Guerra Civil[5] y ya no (poder, yo) terminarlo, porque (cerrar, ellos) el colegio y nosotras, las niñas, (tener) que volver a casa. Cuando (terminar) la guerra, yo ya (ser) algo mayor y no (volver, yo) al colegio. Yo ya (tener) otros intereses.

E 12.8 Entrevistas

Hable usted con su compañero/a sobre el pasado.

Menú:

ser - vivir - hacer - ir - gustar - ver - pasar las vacaciones - jugar - estar - tus padres - hermanos - amigos - abuelos - profesores - clases, etc.

a) Cuando tú eras pequeño/-a ...
b) Cuando tú eras niño/-a, ¿cómo era tu pueblo?
c) Cuando tú ibas a la escuela, ¿cómo ... / qué asignatura[6]... / a qué ... en el recreo[7]/ cómo ... las clases?

---

[1] gafas gruesas: *dicke Brille*
[2] ser costumbre: *üblich sein*
[3] pegar: *hauen, schlagen*
[4] la anécdota: *die Anekdote*
[5] la Guerra Civil: *der Spanische Bürgerkrieg (Juli 1936 bis April 1939)*
[6] la asignatura: *das (Unterrichts)Fach*
[7] el recreo: *die Pause (nur in der Schule)*

E 12.9 ¿Qué dicen?

E 12.10 No contestó al teléfono porque no estaba en casa

Transforme las frases en pasado.

Ejemplo: Como porque tengo hambre.
Comí porque tenía hambre.

1. Llega tarde a clase porque se levanta tarde.
2. Se quita el jersey porque hace mucho calor.
3. No van de excursión porque está lloviendo.
4. No alquilan el piso porque no tiene calefacción central.
5. Hoy hace Laura la comida porque su madre se lo ha mandado.
6. Le gusta ese chico porque es el más simpático del grupo.
7. Los invito a mi cumpleaños porque son mis amigos.
8. Tiene problemas con la policía porque vende drogas.
9. No me es posible ir con ellos porque ya no hay sitio en el coche.

E 12.11 No vino porque no la habían invitado

Dígalo en pasado.

Ejemplo: Estrellita no está en la reunión de ex alumnos porque no la han avisado.
Estrellita no estuvo en la reunión de ex alumnos porque no la habían avisado.

1. Charo no va a los Estados Unidos porque ha conocido a un chico.
   No le escribo a Charo porque ella no me ha dejado su dirección.
2. No tienen problemas durante el viaje porque lo han preparado todo muy bien.
   Pero en el hotel don Vicente protesta porque le han dado una habitación mala.
3. Los amigos de Joaquín le recomiendan el libro porque a ellos les ha gustado mucho.
   Joaquín no va a Honduras porque no ha ahorrado[1] suficiente.
4. Sus padres le compran a Laura lo que ella ha pedido, luego van a comer.
   Comen bacalao a la vizcaína porque se lo recomienda el camarero.

**

E 12.12 En castellano

Als der junge Mann sie zum ersten Mal sah, trug sie ein rotes Kleid. Er forderte sie zum Tanzen auf, und sie tanzte mit ihm. Er gefiel ihr. Als man sie fragte, ob sie sich in den jungen Mann verliebt habe, antwortete sie nicht.
Sie waren drei Jahre lang befreundet. Sie heirateten nicht gleich, weil der junge Mann noch keine feste Arbeitsstelle hatte. Außerdem waren sie noch sehr jung, als sie sich kennen lernten. Sie bekam ihr erstes Kind, als sie 24 Jahre alt war.
Kurz darauf bekam ihr Mann einen Brief, in dem stand, dass er sich bei der neuen Firma vorstellen könne *(imperf.)*.

---

[1] ahorrar: *sparen*

**

E 12.13 Aprender jugando

La historia interminable. Uno comienza una historia. Después de una frase le dice a otro de la clase "sigue tú" *y así hasta que han participado todos.*

Posibles comienzos:

Erase una vez ... Había una vez ... Yo estuve una vez en ... Yo fui una vez a ... En clase una vez ... Mi abuela me contó una vez que ..., etc.

**

E 12.14 Erase una vez ...

Aquí tiene usted la descripción de algunos cuentos muy conocidos. ¿Sabe usted a qué cuento nos referimos? Solución en la lista de palabras.

1. Era un animal muy listo. No llevaba zapatos, pero algo parecido. Ayudó a su amo[1] a hacerse rico.¿Cómo se llama el cuento?
2. Era una niña que iba al bosque[2] a llevarle comida a su abuelita. En el bosque se encontró al lobo[3] que quería comérsela. La niña siempre llevaba una caperuza[4] roja. ¿Sabe qué niña es?
3. Era una niña muy guapa e hija de un rey. Su madrastra quería matarla. La niña vivió luego en el bosque con siete hombrecitos muy pequeñitos, los siete enanitos. ¿De qué cuento hablamos?
4. Era una rana[5], pero en realidad no era una rana. La princesa, al principio, no la quería dejar comer de su plato ni dormir en su cama, pero luego ... ¿Cómo se llama el cuento?

[1]su amo: *sein Herr* [2]el bosque: *der Wald* [3]el lobo: *der Wolf* [4]la caperuza: *die Kappe* [5]la rana: *der Frosch*

** E 12.15 El Camino de Santiago o Ruta Jacobea

Dice la leyenda que el Apóstol Santiago predicó el cristianismo en España. Sus restos mortales llegaron milagrosamente desde Jerusalén en una barca sin timonel[1] a las costas de Galicia. Cuando los árabes llegaron a España el año 711, los cristianos ocultaron[2] el cadáver[3] de Santiago y luego, con el paso del tiempo, se olvidaron de dónde estaba.
Entre el año 812 y 814 un monje[4] al ver caer estrellas[5] del cielo, fue a aquel lugar y encontró la tumba[6] del Apóstol. Allí se construyó luego una iglesia y más tarde una catedral. Ese es el origen de Santiago de Compostela.

Durante la Edad Media, Santiago fue, junto con Roma y Jerusalén, uno de los principales centros de peregrinación[7]. La ruta que seguían los peregrinos[8] es el llamado "Camino de Santiago". Por ese camino llegaron a España los nuevos estilos arquitectónicos (románico y gótico) y muchas corrientes culturales[9] de Europa. Durante las guerras de la Reconquista[10] contra los musulmanes, los cristianos hicieron de Santiago un "matamoros"[11].
Santiago es el Patrón de España. Su fiesta se celebra el día 25 de julio. Si ese día cae[12] en domingo, se habla de "Año Santo Compostelano". Todavía hoy hay personas que peregrinan a Santiago, pero muy pocas lo hacen a pie.

---

[1]el timonel: *der Steuermann*
[2]ocultar: *verstecken*
[3]el cadáver: *die Leiche/der Leichnam*
[4]el monje: *der Mönch*
[5]la estrella: *der Stern*
[6]la tumba: *das Grab*
[7]el centro de peregrinación: *die Pilgerstätte*
[8]el peregrino: *der Pilger*
[9]la corriente cultural: *die kulturelle Strömung*
[10]la Reconquista: *Rückeroberungskämpfe/-kriege in Spanien (VII. bis XV. Jh.)*
[11]"matamoros": *„Maurentöter"*
[12]caer: *fallen*

Catedral y Plaza del Obradoiro (Santiago de Compostela)

A cantar

Rianxeira
(Foliada)

Oliñas veñen, oliñas veñen
oliñas veñen e van;
non te vaias rianxeira,
que te vas a marear.

1. A Virxen de Guadalupe
   cando vai para Rianxo,
   a barquiña que a trouxo
   era de pau de laranxo.

Oliñas veñen ...

2. A Virxen de Guadalupe
   cando vai pola ribeira,
   descalciña pola area
   parece unha rianxeira.

(Canción popular gallega)

En castellano:

Olitas vienen, olitas vienen
olitas vienen y van
no te vayas rianxeira,
que te vas a marear.

La Virgen de Guadalupe
cuando va hacia Rianxo,
la barquita que la trajo
era de madera de naranjo.

Olitas vienen ...

La Virgen de Guadalupe
cuando va por la ribera,
descalcita por la arena
parece una rianxeira.

Lección 1

¿quién?	wer?	¿Y tú, quién eres?
es (*Inf.*: ser)	er/sie/es ist	
este/a/os/as	dieser, diese, dieses; diese	
el chico	Junge, junger Mann	≠ la chica
joven/-	jung	
y	und	
moreno/a	dunkelhaarig	Es un chico moreno.
andaluz/a; el/la ~ (*Pl.* andaluces)	andalusisch; Andalusier/in	
de Córdoba	aus Cordoba	Nosotros somos de Sevilla.
de	von, aus	
estudiante de informática	Informatikstudent/in	¿Eres estudiante?
el/la estudiante	Student/in	
la informática	Informatik	
hoy	heute	
el cumpleaños	Geburtstag	¿Es hoy tu cumpleaños?
su/s	sein/e, ihr/e; Ihr/e (*Anrede*)	
son (*Inf.*: ser)	es/das sind	Ellos no son estudiantes.
el invitado	Gast	Estos son mis invitados.
el/la amigo/a	Freund/in	Somos amigos.
español/a; el/la ~	spanisch; Spanier/in	
extranjero/a; el/la ~	ausländisch; Ausländer/in	
hola	hallo	
tú	du	
no	nein, nicht	≠ sí
eres (*Inf.*: ser)	du bist	
¿verdad?	nicht wahr?	
soy (*Inf.*: ser)	ich bin	Yo soy Laura, ¿y tú?
alemán/alemana; el/la ~	deutsch; Deutsche/r	
¿de dónde?	woher? von wo?	¿De dónde es usted?
de Heidelberg	aus Heidelberg	
gallego/a; el/la ~	galicisch; Galicier/in	
¿Cómo te llamas?	Wie heißt du?	¿Cómo se llama Ud., señor?
¿cómo?	wie?	
te	dich/dir	
me llamo ...	ich heiße ...	Yo me llamo Juan, ¿y tú?
me	mich/mir	▶ te
también	auch	≠ tampoco
el/la traductor/a	Übersetzer/in	
tampoco	auch nicht	Nosotros tampoco somos gallegos.
el camarero	Kellner	
somos (*Inf.*: ser)	wir sind	
la familia	Familie	
mira	schau mal, sieh mal	
encantado/a	freut mich, sehr erfreut	
mucho gusto	angenehm (*Grußformel*)	
aquel / aquella	dieser/e dort, jener/e	
la chica	Mädchen	≠ el chico
alto/a	groß (*Statur*), hoch	
de pelo rubio	mit blondem Haar	≠ de pelo moreno
el pelo	Haar	

rubio/a	blond	≠ moreno/a
la blusa	Bluse	
verde/-	grün	
sí	ja, doch	≠ no
italiano/a; el/la ~	italienisch; Italiener/in	
se llama ...	er/sie/es heißt ...	
Venecia	Venedig	
el/la profesor/a	Lehrer/in	Mi profesora es uruguaya.
el (!) idioma	Sprache	los idiomas modernos
feo/a	hässlich	
guapo/a	hübsch	
muy (*Adv.*)	sehr	
aquel	diese/r dort, jene/r	
gordo/a	dick	
de gafas	mit Brille	
las gafas *(nur Plural)*	Brille	¿Son éstas tus gafas?
el/la novio/a	Freund/in, Bräutigam/Braut	Manolo y Lola son novios.
no sé	ich weiß nicht	No sé cómo se llama.
creo que no	ich glaube nicht	Creo que Paola no es italiana.
¡qué tal?	wie geht's? wie ist/war es?	¿Qué tal en el cumpleaños?
bien, ¿y tú?	gut und dir?	
bien (*Adv.*)	gut	
mal (*Adv.*)	schlecht	≠ bien
pero hombre	*etwa*: aber, aber!	
el hombre	Mensch, Mann	
¿por qué?	warum?	
el amor	die Liebe	
mi	mein/e	
el vaso	Trinkglas	Un vaso de agua, por favor.
creo que sí	ich glaube, ja	≠ creo que no
vale, gracias	o.k., danke	
¡vale!	in Ordnung, einverstanden	
gracias	danke	
de nada	bitte, nichts zu danken, keine Ursache	
adiós	auf Wiedersehen, adieu	
hasta mañana	bis morgen	Adiós, hasta mañana.
mañana	morgen	
hasta luego	bis gleich, bis nachher	
luego	später, dann	

Lección 2

¿quieres tomar algo?	willst du etwas trinken?	
querer (quiero, queremos)	wollen	¿Quién quiere un café?
algo	etwas	≠ nada
tomar	nehmen, *hier*: trinken, essen	
catalán/catalana; el/la ~	katalanisch; Katalane/Katalanin	
de aquí	von hier	
aquí	hier	

Cadaqués	*Ort an der Costa Brava*	
el pueblo	Ort, Dorf	Manolo es de mi pueblo.
estudiar	studieren, lernen	
mientras (+ *Verb*)	während	
esperar	*hier:* warten (auf)	Esperamos a Carlos.
belga/-; el/la ~	belgisch, Belgier/in	
bastante	ziemlich	Todos son bastante ricos.
majo/a	nett, sympathisch	
ligar	sich anfreunden, anbandeln	
con ella	mit ihr	
ella	sie (*Subjekt*)	▶ él
con	mit	
Buenas tardes. *(nachmittags und abends)*	Guten Tag, Guten Abend.	
bueno/a (*Adj.*)	gut	Somos buenos amigos.
la tarde	Nachmittag, früher Abend	
todos/as	alle	
me llaman Montse	sie nennen mich Montse	
el/la periodista	Journalist/in	Aquellos periodistas son extranjeros.
francés/francesa; el/la ~	französisch; Franzose/Französin	
Bruselas	Brüssel	
trabajar	arbeiten	Hoy no trabajamos.
en España	in Spanien	
en	in, auf	
pasar	vorbeigehen, *hier*: verbringen	¿Dónde pasas el verano?
las vacaciones	Ferien, Urlaub	
pues hablas muy bien	du sprichst aber sehr gut	
pues	denn, nun	
hablar	sprechen	
el café	Kaffee	¡Un café, por favor!
lo siento	tut mir Leid	No tengo dinero, lo siento.
ahora	jetzt	
tener (tengo, tienes)	haben, besitzen	
el tiempo	Zeit, Wetter	¿Tenéis tiempo mañana?
quizás	vielleicht	
***	***	***
tener que + *Infinitiv* (tengo que, tienes que)	müssen	¿A quién tienes que esperar?
como	wie	Es rubio como su padre.
mucho/a/os/as	viel/e	Somos muchos en la familia.
andar mal de dinero	schlecht bei Kasse sein	
el dinero	Geld	
los padres	Eltern	Mis padres son jóvenes.
no son ricos	sie sind nicht reich	
rico/a (ser)	reich	
por eso	deshalb, deswegen	
necesitar	brauchen	
para	um zu, für	
pagar los estudios	das Studium finanzieren	
pagar	(be)zahlen	¿Quién paga?
durante (+ *Substantiv*)	während	Durante el día trabajo.
el verano	Sommer	
el año	Jahr	

de momento	zur Zeit, vorläufig	De momento no tengo trabajo.
trabajar de	arbeiten als	
el portero	Pförtner, Portier	
la recepción	Rezeption, Empfang	
el hotel	Hotel	
aunque	obwohl	
nueve horas al día	neun Stunden pro Tag	
la hora	Stunde	
el día	Tag	
ganar	verdienen	¿Cuánto ganas a la hora?
pagar poco	schlecht/wenig zahlen	
entrar	eintreten, hineingehen	¿Entramos o no?
la señora	Frau, Dame	Quiere hablar con la Sra. Flores.
saludar	(be)grüßen	Entra y saluda.
Buenos días. *(vormittags)*	Guten Morgen, Guten Tag.	
pasa un señor mayor	ein älterer Herr kommt vorbei	
el señor	(der) Herr	¿Es usted el señor Rojo?
entregar	abgeben, aushändigen	
la llave	Schlüssel	¿Quién tiene la llave?
la habitación	Zimmer	
aquí tiene usted	hier haben Sie	Aquí tienes las llaves.
tengo algo para usted	ich habe etwas für Sie	
la carta	Brief	¿De dónde es la carta?
muchas gracias	vielen Dank	
¡Feliz fin de semana!	Schönes Wochenende!	
el fin de semana	Wochenende	¿Dónde pasáis el fin de semana?
la semana	Woche	Tenemos una semana de vacaciones.
igualmente	gleichfalls	

Lección 3

estar de paso	auf der Durchreise sein	
estar (estoy, estás)	sein, sich befinden	¿Dónde está Cuzco?
son las ... (– *Uhrzeit*)	es ist ...	
las siete y media	halb acht	¿Qué hora es?
siete	sieben	
medio/a	halb	
el coche	Pkw, Auto	
la matrícula	Autokennzeichen	Su coche tiene matrícula extranjera.
Oviedo	*Stadt in Nordspanien (Asturien)*	Oviedo es la capital de Asturias.
tres	drei	
la persona	Person	
dentro	innen, darin	ǂ fuera
parar	anhalten	
delante (de)	(da)vor *(örtlich)*	ǂ detrás (de)
la estrella	Stern	
cerca (de)	nahe, in der Nähe	ǂ lejos (de)
la carretera nacional	*etwa*: Bundesstraße	
la carretera	Landstraße	Aquí las carreteras son buenas.
nacional	national, Bundes ...	
no muy lejos (de)	nicht sehr weit (von)	
lejos	weit	ǂ cerca (de)
el centro	Stadtmitte, Zentrum, Mitte	ǂ las afueras

el viajero	Reisender, Fahrgast	
cansado/a	müde	¡Qué cansado estoy!
buscar	suchen	
pasar la noche	übernachten	Sólo pasamos aquí una noche.
la noche	Nacht	
la boina	Baskenmütze	
la mujer	Frau, Ehefrau	¿Es aquella su mujer?
el hijo	Sohn, Kind	
bajar (de)	aussteigen,	La madre y el hijo también bajan del coche.
bajar	herunterkommen, hinuntergehen	En seguida bajo.
libre/-	frei	¿Está libre?
el/la recepcionista	Portier/Empfangsdame	
sí, señor	jawohl	
todavía quedan algunas	es sind noch einige da	
todavía	noch	≠ ya
quedar	übrig bleiben, übrig sein	
algunos/as	einige, manche	
¿cuánto/a/os/as?	wie viel/e?	¿Cuántas habitaciones quiere?
desear	wünschen, wollen	
individual/-	Einzel ...	
doble/-	doppelt, Doppel- ...	
vamos a ver	mal sehen	No sé si está en casa, voy a ver.
ya no	nicht mehr	¿Ya no son amigos?
hay	es gibt	Hoy hay muchos coches delante del hotel.
ocupado/a	belegt, besetzt	Esta habitación ya está ocupada.
está bien	gut, in Ordnung	
entonces	dann, folglich	¿No quieres café? Entonces, ¿qué quieres?
la ducha	Dusche	
el baño completo	Badezimmer	
completo/a	*hier*: vollständig; *sonst*: ausgebucht	El hotel está completo.
¿cuánto cuestan?	was/wie viel kosten sie?	
son siete mil pesetas	das macht 7000 Peseten	cinco mil marcos
mil	tausend	mil pesetas
por noche	pro Nacht	▶ por día, por mes, por hora
sin	ohne	≠ con
el desayuno	Frühstück	En este hotel el desayuno es bueno.
sólo (solo)	nur	(*im Sinne von „nur" mit und ohne Akzent korrekt*)
a la izquierda	links	
el ascensor	Aufzug	El ascensor no funciona.
¿a qué hora ...?	um wie viel Uhr ...?	
la hora	Uhrzeit, Stunde	
abierto/a (estar)	offen, geöffnet	La carta está abierta.
el restaurante	Restaurant	
la cena	Abendessen	▶ cenar
a partir de ...	von ... an	
el comedor	Speisesaal, Esszimmer	¿Está abierto ya el comedor?
al fondo del pasillo	am Ende des Flurs	
el pasillo	Flur, Gang	
a la derecha (de)	rechts (von)	≠ a la izquierda
cerrado/a (estar)	geschlossen	≠ abierto

¿Me deja su carnet?	Geben Sie mir Ihren Ausweis?	
dejar	(zu)lassen, überlassen, leihen	
el carnet (carné)	Ausweis	¿No tenéis el carné aqui?
por favor	bitte	
***	***	***
¡Usted disculpe!	Entschuldigen Sie!	▶ Perdón.
disculpar	entschuldigen	
después de + *Infinitiv*	nachdem, nach	Después de bajar del coche, entra en el hotel.
después	danach, dann	
llevar (a)	(hin)bringen, tragen	¿Llevas tú las maletas?
la maleta	Koffer	
el resto	Rest	
el equipaje	Gepäck	El equipaje todavía está en el coche.
bajar a	heruntergehen, um zu ...	Ahora mismo bajo a preguntar.
reclamar	sich beschweren, reklamieren	
contento/a (estar)	zufrieden	Si no están contentos, ¿por qué no reclaman?
no ... ni	weder ... noch	No es bueno ni moderno.
arreglado/a (arreglar)	*hier*: hergerichtet, geputzt	
limpio/a	sauber	¡Qué limpio está todo!
¡oiga! (*Imp.*)	hören Sie!	
¡mire! (*Imp.*)	schauen Sie!	
la cama	Bett	Todavia está en la cama.
están sin hacer	sie sind (noch) nicht gemacht	
el jabón	Seife	
la toalla	Handtuch	
sucio/a	schmutzig	≠ limpio/a
claro	natürlich, klar	
es que	nämlich; es ist nämlich so, dass	
normalmente	normalerweise	
enfermo/a (estar)	krank	Todos están enfermos.
ahora mismo	sofort	
avisar (a)	rufen, Bescheid sagen	
el/la compañero/a	Kollege/in	
en media hora	in einer halben Stunde	
más o menos	ungefähr, mehr oder weniger	
listo/a (estar)	fertig (sein)	¿Estáis listos?
bueno, no importa	na ja, das macht nichts	Si la habitación no tiene baño, no importa.
entretanto	inzwischen, in der Zwischenzeit	
quitar (de)	wegnehmen, wegfahren, weg ...	
si es tan amable	seien Sie bitte so freundlich	▶ si hace el favor
amable/-	freundlich, entgegenkommend	En esta familia todos son muy amables.
la calle	Straße (*innerhalb einer Ortschaft*)	
prohibido/a (estar)	verboten	¡Prohibido el paso!
aparcar	parken	
detrás (de)	hinter	≠ delante (de)
suficiente/-	genügend, ausreichend	
el aparcamiento	Parkplatz	El coche está en el aparcamiento.
el cliente	Kunde, Gast	
en seguida/enseguida	sofort	En seguida estoy listo.

Lección 4

buscar	suchen	¿Qué buscas?
el trabajo	Arbeit	
vivir	wohnen, leben	¿Dónde vivís ahora?
comer	essen	¿A qué hora comemos?
en casa de sus padres	bei seinen/ihren Eltern	Yo también vivo en casa de mis padres.
la casa	Wohnung, Haus	
la beca	Stipendium	
el gasto	Ausgabe	
todo el año	das ganze Jahr über	Está abierto todo el año.
el trabajillo	Ferienarbeit, Job	
el mes	Monat, vier Wochen	Tengo un mes de vacaciones.
mirar	schauen, anschauen,	¿Por qué miras así?
el anuncio	Anzeige	
el periódico	Zeitung	
por la mañana	morgens, am Morgen, vormittags	▶ por la tarde, por la noche
la mañana	Morgen, Vormittag	
antes de	vor (*zeitlich*)	≠ después (de)
desayunar	frühstücken	
comprar	kaufen	
o	oder	La habitación tiene que tener ducha o baño.
el quiosco	Kiosk	
la esquina	Ecke	
la panadería	Bäckerei	
de al lado	von nebenan	
al lado (de)	nebenan, daneben	Loli está al lado de su amiga.
la barra	Stange	Dos barras de pan, por favor.
el pan	Brot	
regresar	zurückkehren	¿A qué hora regresáis?
a casa	nach Hause	¡Vamos a casa!
subir	hinaufgehen, herauf-/hinauftragen	¿Cuándo subes el periódico?
el piso	Wohnung	
abrir	öffnen	¿No abres la carta?
el buzón	Briefkasten	El buzón está en aquella esquina.
sacar	herausnehmen	
la propaganda	Werbung	
meter	(hinein)stecken	≠ sacar
allí	dort (hin)	
mira, mamá	sieh mal, Mama	
la mamá	Mutter, Mama	
La Vanguardia	*Tageszeitung*	*La Vanguardia* es un periódico de Barcelona.
interesante/- (ser)	interessant	
la agencia de viajes	Reisebüro	
necesitar	brauchen, benötigen	¿Cuánto dinero necesitas?
el conocimiento	Kenntnis	
llamar	rufen, anrufen	¿A quién llamas?
creer	glauben, meinen	
demasiado pronto	(noch) zu früh	≠ demasiado tarde
demasiado	zu (+ *Adj./Adv.*), zu viel	Este chico habla demasiado.
pronto	früh, bald	Pronto vamos de vacaciones.
las ... menos cuarto	Viertel vor ...	

no ... hasta	nicht vor, erst um ...	No abrimos hasta las diez.
leer	lesen	¿Qué lees?
Avui	*katalanische Zeitung*	
preparar	vorbereiten, machen	
poco español	nicht sehr typisch spanisch	Su nombre es poco español.
el café con leche	Milchkaffee	≠ café solo
la leche	Milch	
la mantequilla	Butter	
la mermelada	Marmelade	
un huevo pasado por agua	weiches Ei	
el huevo	Ei	▶ el huevo de Colón
en su casa	bei ihr/ihm	
siempre	immer	≠ nunca
fuerte	kräftig, stark	≠ débil
***	***	***
al teléfono	am/ans Telefon	Montse, ¡al teléfono!
el teléfono	Telefon	
ayudar	helfen	¿Me ayudas?
quitar la mesa	den Tisch abräumen	Tenemos que quitar la mesa.
quitar	entfernen, wegnehmen	
la mesa	Tisch	
marcar	*hier*: (Telefonnummer) wählen	
el número	Zahl, Nummer	Aquí tienes mi número de teléfono.
curiosamente	seltsamerweise	
contestar	antworten	
en castellano	auf Spanisch	
castellano	Spanisch (*Sprache*), kastilisch	
¡dígame! (*Imp.*)	*etwa*: ja bitte (sprechen Sie)	
por	*hier:* wegen	
¿verdad?	nicht wahr?	
eso es	genau, so ist es	
la señorita	Fräulein, junge Dame	
un poco (de + *Substantiv*)	ein wenig	No habla idiomas, sólo sabe un poco de inglés.
¿Cuántos años tiene usted?	Wie alt sind Sie?	Tengo 20 años.
la experiencia	Erfahrung	
como azafata	als Hostess	
la azafata	Hostess, Stewardess	Todas las azafatas son altas.
la verdad	Wahrheit, *hier*: um ehrlich zu sein	
pasar por	an/bei ... vorbeigehen	Luego pasamos por tu casa.
la oficina	Büro	
el jefe	Chef	
de acuerdo (estar)	einverstanden	Yo no estoy de acuerdo.
a primera hora de ...	am frühen ... (Morgen/ Nachmittag/Abend)	≠ a última hora de ...
***	***	***
mucha suerte	viel Glück	≠ mala suerte (Pech)
la suerte	Glück, Schicksal	Rafael siempre tiene mucha suerte.
a mediodía	mittags, am Mittag	
el mediodía	Mittag	
vamos (*Inf.*: ir)	wir gehen, wir fahren	
la playa	Strand	
ir de compras	einkaufen gehen	En seguida vamos de compras.

las compras	Einkäufe	
voy a hablar con ...	ich werde mit ... sprechen	Van a hablar con el jefe.
voy (*Inf.*: ir)	ich gehe, ich fahre	
ir a + *Inf.*	etwas tun werden/wollen	¿Vas a ir al cumpleaños de Carlos?
¿sabes?	weißt du?	
solo/a	allein	¿Vais vosotros solos?
ir en (coche, autobús, *etc.*)	mit ... fahren	
contigo	mit/bei dir	¿Vive Juan contigo?
conmigo	mit/bei mir	Sí, vive conmigo.
además	außerdem	
en autobús	mit dem Bus	Vamos a la playa en autobús.
el autobús	Bus	
el taller	Werkstatt	
ah, bueno	ach so	

Lección 5

¿qué deseas?	was möchtest du?	¿Qué desean ustedes?
el jueves	Donnerstag, am Donnerstag	
despertarse (me despierto, nos despertamos)	aufwachen	Todos los días me despierto a las 8.
temprano	früh	≠ tarde
levantarse	aufstehen	¿Te levantas temprano?
lavarse	sich waschen	
ponerse guapo/a	sich hübsch machen	
poner (pongo, pones)	setzen, stellen, legen	
el director	Direktor, Leiter	
estropeado/a (estar)	beschädigt, kaputt, defekt	
salir de (salgo, sales)	hinausgehen, abfahren, einen Raum verlassen	Se ponen guapas antes de salir de casa. Hoy salgo a las doce del colegio.
inmediatamente	unmittelbar, sofort	
llegar (a)	ankommen	¿A qué hora llegan tus amigos?
Plaza de Cataluña	*bekannter Platz im Zentrum von Barcelona*	
la plaza	Platz	
desde	von, aus (*örtlich*) seit (+ *Zeitpunkt*)	Desde aquí vamos a pie. Desde el verano vive conmigo.
directamente	direkt	
ir andando	zu Fuß gehen	▶ ir a pie
porque	weil	
entrar (en)	eintreten, hineingehen	Entran en un bar a tomar algo.
quedarse fuera	draußen bleiben	Los que llegan tarde se quedan fuera.
quedar(se)	bleiben	Yo hoy no salgo, me quedo en casa.
fuera	außen, draußen	≠ dentro
aburrirse	sich langweilen	Yo aquí me aburro.
dar un paseo	einen Spaziergang machen	▶ dar una vuelta
dar (doy, das)	geben, *hier*: machen	¿Me das tu teléfono?
el paseo	Spaziergang	
tranquilamente	ruhig, in aller Ruhe	
tranquilo/a	ruhig, gelassen	Todos están muy tranquilos.
por las Ramblas	auf den Ramblas	
Las Ramblas	*bekannte Geschäftsstraße im Zentrum von Barcelona*	
medio/a	ein halber / eine halbe	

ya	schon	¿Ya estás otra vez aquí?
otra vez	wieder, nochmals	
otro/a	ein anderer/eine andere	Voy a buscar otro hotel.
la vez	Mal	
una vez	einmal	▶ dos veces
enfrente de	gegenüber	
el/la empleado/a	angestellt; Angestellte/r, Verkäufer/in	
con acento extranjero	mit ausländischem Akzent	
el acento	Akzent	Tiene un poco de acento.
terminar	enden, (etwas) beenden	La clase termina a las dos.
terminar de	aufhören zu, beenden	¿A qué hora termináis de trabajar?
preguntar	fragen	
amable/-	freundlich, nett	Siempre saluda muy amablemente.
estar citado/a con	einen Termin haben bei	Están citadas con el jefe.
el jefe no está	der Chef ist nicht hier	
estar de viaje	verreist sein	Mañana estamos de viaje.
el viaje	Reise	
el socio	Geschäftspartner	
el despacho	Arbeitszimmer, Büro	
¿Te importa esperar?	Macht es dir etwas aus zu warten?	
el momentito (*Dim.*)	Moment, Augenblick	▶ el momento
sentarse (me siento, nos sentamos)	sich setzen	¿Por qué no te sientas?
la silla	Stuhl	Aquellas sillas están libres.
ponerse a (+ *Verb*)	etwas zu tun beginnen	Cuando se pone a hablar, no para.
el prospecto	Prospekt	
***	***	***
enhorabuena	Glückwunsch, gratuliere	
contento/a (estar)	zufrieden	Estamos muy contentos.
impaciente	ungeduldig, gespannt	¿Por qué sois tan impacientes?
¿qué tal?	*hier:* wie war's?	
¿todo bien?	alles gut (gegangen)?	
organizar	organisieren, veranstalten	
venezolano/a	Venezolaner/in; venezolanisch	
de momento	vorerst, zunächst	
a la semana	pro Woche	▶ al día, al año, al mes
de ... a	von ... bis	
el ... que viene	am/im kommenden ...	el año que viene ...
el martes	(am) Dienstag	
el viernes	(am) Freitag	
empezar (empiezo, empezamos)	beginnen, anfangen	¿A qué hora empieza la clase?
el sueldo	Lohn/Gehalt	
¡qué suerte!	welch ein Glück!	¡Qué suerte tienes!
¡anda!	komm!	
tomar una copa	etwas trinken	
la copa	(Likör-/Schnaps-) Glas	
¡a tu salud!	auf dein Wohl!	
la salud	Gesundheit	
***	***	***
¿adónde?	wohin?	
¿adónde quieres ir?	wohin willst du gehen/fahren?	
oye	hör mal	
Latinoamérica	Lateinamerika	▶ América Latina

sí, claro	na klar	
es nuestra especialidad	darauf sind wir spezialisiert	
nuestro/a/os/as	unser/e	
la especialidad	Spezialität	
principalmente	hauptsächlich	
Cuzco	*Stadt in Perú*	
Machu Picchu	*ehemalige Stadt der Inka in Perú*	
el precio	Preis	¡Qué precios!
la condición	Bedingung	En estas condiciones no viajo.
hay que ...	man muss	
reservar	buchen, reservieren	
el billete	Fahrkarte	Voy a sacar el billete.
con (mucha) antelación	(lange) im Voraus	
la primavera	Frühling, Frühjahr	
la demanda	Nachfrage	
entender (entiendo, entendemos)	verstehen	
decidir(se)	(sich) entscheiden, entschließen	
hacer (hago, haces)	machen	Si tengo dinero, hago un viaje al Perú.
el miércoles	(am) Mittwoch	
los miércoles	mittwochs	
cerrar (cierro, cerramos)	schließen	¿A qué hora cerráis?
estudiar detenidamente	genau durchlesen/ansehen	Tienes que leer la carta detenidamente.
detenidamente	genau, gründlich	
si piensas reservar	wenn du buchen willst	
pensar (pienso, pensamos)	(ge)denken (etw. zu tun)	¿Cuándo pensáis ir a Barcelona?
pensar en	denken an	- ¿En qué piensas? - Pienso en las vacaciones.
cuanto antes	so bald wie möglich	Tenemos que decidirnos cuanto antes.
coger (cojo, coges)	greifen, nehmen	(in einigen Ländern Lateinamerikas vulgär)
dar las gracias	sich bedanken, danksagen	
dar (doy, das)	geben	
irse (me voy, nos vamos)	weggehen	- ¿Ya te vas? - Sí, me voy porque tengo que estudiar.
la cara	Gesicht, *hier: Seite*	

Lección 6

la pareja	Paar	
madrileño/a	Madrider/in, aus Madrid	
Barajas	*Flughafen von Madrid*	
el aeropuerto	Flughafen	
el ingeniero	Ingenieur	
el camión	Lastwagen	
soler (suelo, solemos)	häufig/normalerweise tun, zu tun pflegen	Aquí solemos comer a las dos. No suele salir por las noches.
acabar de (+ *Inf.*)	etwas gerade getan haben	Ya está aquí, acaba de llegar.
comenzar a (comienzo, comenzamos)	beginnen, anfangen zu	
la tienda	Laden	Aquí las tiendas cierran de dos a cinco de la tarde.
las antigüedades	Antiquitäten	
ser novios	befreundet sein (*Mann und Frau*)	

juntos/as	zusammen, gemeinsam	Andrés y Noelia van juntos a la fiesta.
el apartamento	Appartement, Wohnung	
los dos	beide/die beiden	El coche es de los dos.
mayor/-	*hier*: größer	Necesitan otro piso mayor.
fácil/-	leicht (verständlich)	
encontrar(se) (encuentro, encontramos)	finden, treffen (sich)	A esa hora me encuentras en casa, seguro.
más bien	eher, ziemlich	
difícil/-	schwierig	≠ fácil
a veces	manchmal	A veces vamos a la discoteca.
incluso	sogar	Tenemos colegio incluso los sábados.
sin embargo	jedoch, trotzdem,	
casi	fast	
el problema	Problem	
grande (gran)	groß	Yo aquí veo un gran problema.
lleno/a (estar)	voll	≠ vacío/a
la pega	Schwierigkeit, Haken, Problem	¿Qué pega ves tú en esto?
caro/a	teuer	≠ barato/a
estar en mal estado	in schlechtem Zustand sein	
estar mal comunicado/a	nicht verkehrsgünstig liegen	Ese pueblo está mal comunicado.
un par de	ein Paar, ein paar	▶ algunos/as
por fin	schließlich, endlich	Ya están aquí, ¡por fin!
tener suerte	Glück haben	≠ tener mala suerte
alquilar	mieten, vermieten	Se alquila.
amueblado/a (estar)	möbliert	
en parte	zum Teil, teilweise	
la cocina	Küche	
la nevera	Kühlschrank	
la cocina de gas	Gasherd	
el dormitorio	Schlafzimmer	Queremos un piso de tres dormitorios.
la cama de matrimonio	Ehebett	
el matrimonio	Ehepaar, Ehe	
el armario	Schrank	
vacío/a (estar)	leer	≠ lleno/a
el alquiler	Miete	Pagamos 2000 marcos de alquiler.
los gastos de comunidad	Nebenkosten	
poder (puedo, podemos)	können, dürfen	Hoy no puedo salir contigo, no tengo tiempo.
ver (veo, ves)	sehen	Nos vemos todos los días.
salir de trabajar	Feierabend haben	
salir (salgo, sales)	hinausgehen, ausgehen	Yo hoy salgo tarde del colegio.
naturalmente	natürlich	
3º derecha	3. (Stock) rechts	Vivo en el tercero derecha/ 3º dcha.
***	***	***
no sabe qué hacer	sie weiß nicht, was sie tun soll	
saber (sé, sabes)	wissen, (Gelerntes) können	Ya sé hablar un poco de español.
indeciso/a (estar)	unschlüssig, unentschlossen	Todavía están indecisas.
Aquisgrán	Aachen	
volver (vuelvo, volvemos)	zurückkommen, zurückkehren	▶ regresar
a finales de mes	Ende des Monats	Paco vuelve a finales de mes.
venir (vengo, vienes)	(her)kommen	≠ ir. Bueno, vengo otro día.
escucha (*Imp. von* escuchar)	hör zu, hör mal	▶ oye
alguno (algún) /a	irgendein/e	▶ algún día/alguna vez

el inconveniente	Nachteil	¿Es que hay algún inconveniente?
en sí	an sich	
situado/a (estar)	gelegen	La casa está muy bien situada.
gustar (me gusta, te gusta, nos gusta)	gefallen	Esto no me gusta nada.
la planta	*hier*: Stock(werk)	Vive en la tercera planta.
la sala de estar	Wohnzimmer	
el comedor	Esszimmer	
el despacho	Arbeitszimmer	
la ventana	Fenster	
el patio	(Innen)Hof	
el ascensor	Aufzug	Lo siento, el ascensor no funciona.
la comodidad	Bequemlichkeit, Komfort	
la calefacción central	Zentralheizung	El piso tiene calefacción central.
central/-	zentral (gelegen)	
el agua (*f.*)	Wasser	Me ducho con agua fría.
caliente/-	heiß, warm	No hay agua caliente, tiene que lavarse con agua fría.
en fin	nun, also, nun ja	En fin, si tú no quieres, no vamos.
¿no acabas de decir ...?	hast du nicht soeben gesagt ...?	
lo que	was	Eso es lo que no me gusta.
me pongo nerviosa	ich werde nervös	
oír (oigo, oyes)	hören	
el precio	Preis	
el caso	Fall	
ninguno (ningún) /a (*nur Singular*)	kein/keine, keinerlei	
parecer (parezco, pareces)	(er)scheinen, aussehen	
¿no te parece?	meinst du nicht?	¿Qué te parece si damos una vuelta?
el riesgo	Risiko, Gefahr	Hay muchos riesgos en la vida.
la vida	Leben	Así es la vida.
¿no crees?	meinst du nicht?	
cariño	Liebling (*Anrede*)	Puedes alquilar el piso, cariño.

Lección 7

vuelta al cole	Schulbeginn	
la vuelta	Rückkehr	
el colegio	Schule	▶ cole (*ugs.*)
a mediados de (+ *Monat*)	Mitte ...	Vamos de vacaciones a mediados de agosto.
septiembre (*m.*; *Gebrauch ohne Artikel*)	September	
el curso escolar	Schuljahr	
los preparativos	Vorbereitungen	Están haciendo los preparativos para las vacaciones.
el estrés	Stress	
desesperado/a (estar)	verzweifelt	María busca desesperada las llaves del coche.
la lista	Liste	
la cosa	Sache, Ding	
estar sentado/a	sitzen	Miguel y Alicia están sentados al lado de la ventana.
el salón	Wohnzimmer	
leyendo (*Ger. von* leer)		
tranquilamente	seelenruhig, unbekümmert	

poner malo/a	aufregen, krank machen	Tener que esperar es algo que me pone malo.
la indiferencia	Gleichgültigkeit	
el marido	Ehemann	
el material escolar	Schulsachen	
¡Y yo qué sé!	Was weiß ich!	
mira a ver	schau mal nach	Mira a ver si hay carta.
el escritorio	Schreibtisch	
encima de	auf	≠ debajo de
la revista	Zeitschrift	▶ el periódico
la máquina de escribir	Schreibmaschine	
¡Por ahí debe de estar!	Dort muss sie sein/liegen!	
deber (+ *Infinitiv*)	müssen, sollen	Tú no debes decir estas cosas.
deber de	müssen/dürfen(*Vermutung*)	Debe de ser Inés.
aquí no veo nada	ich sehe hier nichts	
nada	nichts	¿No tienes nada que hacer?
nunca	nie	No escribe casi nunca.
el niño/la niña	Kind; Junge/Mädchen	
¿cómo voy a ver algo?	wie soll ich etwas sehen?	
esto	das hier	
el caos	Chaos	
el desorden	Unordnung	Aquí hay un gran desorden.
¡Cielo santo!	Du lieber Himmel!	
el cielo	Himmel	
santo/a	heilig	▶ San Antonio / Santa Rita
decir (digo, dices, decimos; diciendo)	sagen, meinen	
el equipo	Ausrüstung, Sachen	
estar a (+ *Datum*)	den ... haben (*Datum*)	Hoy estamos a 30 de octubre.
~ (+ *Entfernung*)	... entfernt sein	El aeropuerto está a 15 km de Madrid.
la ropa	Kleidung, Wäsche	¿Qué ropa me pongo?
las zapatillas	Turnschuhe, Hausschuhe	Siempre anda en zapatillas.
el libro	Buch	
el lápiz/los lápices	Bleistift/e	Juanito quiere lápices de colores.
el bolígrafo	Kugelschreiber	
un montón de	eine Menge, ein Haufen	Hay que preparar un montón de cosas.
por ninguna parte	nirgends	No veo a Juan por ninguna parte.
malhumorado/a	schlecht gelaunt	
el cajón	Schublade	
debajo de	unter	≠ encima de/sobre
el papel	Papier	
enfadado/a (estar)	verärgert	No sé qué le pasa, siempre está enfadada.
el carrete de fotos	Film (*Foto, Dia*)	Necesito dos carretes de fotos.
la chaqueta	Jacke	Esta es una chaqueta muy elegante.
el bolsillo	(Hosen-/Jacken-)Tasche	
llevar	(hin)bringen	El Sr. Moreno lleva a sus hijos al colegio.
revelar	entwickeln (*Film*)	El carrete todavía está sin revelar.
antes de	vor (*zeitl.*)	Roland no llega del colegio antes de las 4. ≠ después de
sigue buscando	sie sucht weiter	
seguir (sigo, sigues; siguiendo)	weitermachen, folgen	
seguir (+ *Gerundio*)	etw. immer noch/weiterhin tun	¿Todavía siguen esperando?

dar instrucciones	Anweisungen geben	
las instrucciones	Anweisungen	Tienes que leer las instrucciones (de manejo).
arreglar	ordnen, aufräumen, reparieren	
la comida	Essen, Mahlzeit	¿A qué hora es la comida?
estar fuera	außer Haus/verreist sein	Este fin de semana estamos fuera.
el bolso	Handtasche	
¡venga, vamos!	los, komm(t)!	¡Venga, vamos, que es tarde!
por el camino	unterwegs	Por el camino no saluda a nadie.
el camino	Weg	
nadie / a nadie	niemand/niemanden	Parece que no hay nadie en casa, no veo a nadie.
***	***	***
¿en qué curso estás?	in welcher Klasse bist du?	
el curso	Kurs; *hier*: Klasse	
charlar de/sobre	sich unterhalten über	Laura y Sonia charlan de las vacaciones.
Virgen del Socorro	*Beiname Mariens*	
la monja	Nonne	
Miguel de Unamuno	*spanischer Schriftsteller und Denker (1864-1936)*	
público/a	öffentlich, staatlich	Yo voy a un colegio público.
mandar	schicken, befehlen	Mis padres me mandan a comprar pan.
privado/a	privat	Muchos españoles van a colegios privados.
octavo (curso)	achte Klasse	
sexto (curso)	sechste Klasse	
el bachillerato	Abitur, Gymnasium	
las matemáticas	Mathematik	No me gustan las matemáticas.
el título de bachiller	Abitur(titel/zeugnis)	
querer ser	werden/sein wollen	
la enfermera	Krankenschwester	
a lo mejor	vielleicht	A lo mejor voy a Chile en verano.
el periodismo	Journalistik	

Lección 8

Con pan y vino se anda el camino.	*etwa*: Essen und Trinken hält Leib und Seele zusammen.	
el vino	Wein	▶ tinto / blanco; dulce / seco
andar	(umher)gehen (*ohne Zielangabe*)	
la zapatería	Schuhgeschäft	
económico/a	preiswert, billig	"La Carolina" es un restaurante económico.
le	ihm/ihr (*Dativ*)	
gustar	schmecken, gefallen	A Eva no le gusta la carne.
pedir (pido, pedimos; pidiendo)	bestellen, verlangen	
pedirle algo a alguien	jdn. um etw. bitten	Siempre me está pidiendo dinero.
el pescado	Fisch (*im Geschäft, Gericht*)	
el menú del día	Tagesgericht	
de primero	als erster Gang	De primero piden sopa.

la sopa de fideos	Nudelsuppe	
las judías verdes	grüne Bohnen	
los macarrones	Makkaroni	
el tomate	Tomate, Tomatensoße	
de segundo	als zweiter Gang	
la chuleta de cerdo	Schweinekotelett	
el cerdo	Schwein	¡Eres un cerdo!
las patatas fritas	Pommes frites	
la patata	Kartoffel	
frito/a (*Inf.*: freír)	gebraten	Me encanta el pescado frito.
el escalope	Wienerschnitzel	
la ensalada	Salat *(Gericht)*	Yo tomo sólo una ensalada mixta.
la ternera	Kalb	
el pollo	Hähnchen	Comen pollo una vez a la semana.
al ajillo	in Knoblauchsoße	
el ajo	Knoblauch	
de postre	zum Nachtisch	De postre siempre tomo fruta.
la fruta (del tiempo)	Obst (der Jahreszeit)	
el flan	Karamelpudding	Este flan es de huevo y leche.
el helado	(Speise)Eis	
el agua mineral	Mineralwasser	Yo no tomo vino, prefiero agua mineral.
cordialmente	herzlich	El camarero las saluda cordialmente.
indicar	zeigen, hinweisen	El recepcionista le indica su habitación.
el mantel	Tischtuch	
el plato	Teller, Gericht	Es un menú de tres platos.
los cubiertos	Besteck	
el tenedor	Gabel	
la cuchara	Löffel	La sopa se come con la cuchara.
el cuchillo	Messer (Essbesteck)	
traer (traigo, traes; trayendo)	(her)bringen	Este cuchillo está sucio, ¿me puedes traer otro?
la carta	Speisekarte	
***	***	***
riquísimo/a (estar)	köstlich	El pescado está riquísimo. ▶ rico/a
preguntar (+ *Dativ*!)	fragen	- ¿Viene Inés? - No sé, tengo que preguntarle, si viene o no.
¿Qué va a ser?	Was darf es sein?	
a mí me (+ *Verb*)	mir	A mí me traes el menú del día.
en vez de	(an)statt	
posible/- (ser)	möglich	≠ imposible
ti (*nach Präposition*)	dir/dich	La chuleta es para ti.
estar harto/a de	etw. satt haben	Miguel y Alicia están hartos de vivir en Madrid.
la carne	Fleisch	
apetecer (*3. Pers. Sg.* + *selten Plural*)	Lust/Appetit haben auf	Hoy me apetece dar un paseo.
recomendar (recomiendo, recomendamos)	empfehlen	Todos me recomiendan flan.
la merluza	Seehecht	
la salsa	Soße	Esta salsa es de tomate.
el bacalao	Kabeljau, Stockfisch	
a la vizcaína	auf Biskayer/baskische Art	
el lenguado	Seezunge	Inés pide lenguado frito.

beber	trinken	¿Y qué vais a beber?
(vino) tinto	Rotwein	Yo tomo vino tinto con gaseosa.
la gaseosa	Sprudel mit Geschmack	
la botella	Flasche	▶ una botella de agua / de leche / de litro
el gas	Gas, *hier*: Kohlensäure	
la bebida	Getränk	Las bebidas están en la nevera, están frías.
servir (sirvo, servimos; sirviendo)	(be)dienen, *hier*: eingießen	
***	***	***
la sobremesa	Zeit nach dem Essen	
a ti te (+ *Verb*)	dir	¿A ti no te gusta el pescado?
invitar a	einladen	
por ella	ihretwegen	
caer gordo/a	auf die Nerven gehen	Su novio me cae muy gordo.
un par de veces	ein paarmal	He estado en España un par de veces.
acabar (+ *Gerundio*)	schließlich etw. tun	Siempre acaban discutiendo.
reñir (riño, reñimos; riñendo)	streiten	¿Ya estáis riñendo otra vez?
fatal/-	schlecht, schlimm	
llevarse bien/mal	sich gut/schlecht vertragen	Nos llevamos fatal.
continuamente	ständig	Habla continuamente, no para.
meterse con	sich anlegen mit	Andrés se mete demasiado con Antonio.
feminista/-	Feminist/in, feministisch	
en cambio	dagegen	
machista/-	Macho, Chauvi	
insoportable/-	unerträglich, unausstehlich	Es una persona insoportable.
contar (cuento, contamos)	erzählen, zählen	
el chiste	Witz	
tonto/a	dumm, blöd	
repetir (repito, repetimos; repitiendo)	wiederholen	¿Puedes repetirlo, por favor?
no consigo comprender	ich verstehe nicht ganz/überhaupt nicht	
conseguir (consigo, conseguimos; consiguiendo)	erreichen, schaffen	
enamorarse (de)	sich verlieben (in)	Se ha enamorado de ti.
no sé qué le ve	ich weiß nicht, was sie an ihm findet	
de guapo no tiene nada	von hübsch keine Spur	
casarse (con)	(jdn.) heiraten	¿Quieres casarte conmigo?
¡Quién sabe!	Wer weiß!	
esperar	hoffen	▶ espero que no / espero que sí
dudar	zweifeln, schwanken	
entre	zwischen; unter	Bueno, esto tiene que quedar entre nosotros, ¿vale?.
decidirse por	sich entscheiden für	
el café cortado	Espresso mit wenig Milch	
¿Nos traes la cuenta?	Bringst du uns die Rechnung?	
la cuenta	Rechnung	
A ver si repetís pronto la visita.	Kommt doch bald wieder!	
la visita	Besuch	Estamos de visita.
últimamente	in der letzten Zeit	
¿Os ha gustado?	Hat es euch geschmeckt?	

despedir(se) (despido, despedimos; despidiendo)	(sich) verabschieden	
el piropo	Kompliment	El piropo es algo típico español.
reírse(de) (me río, nos reímos; riéndose)	lachen	Todos se ríen con sus chistes.
recoger (recojo, recoges)	nehmen, abholen	Yo te recojo en la estación.▶ coger
la propina	Trinkgeld	Es usual dar propina.
limpiar	sauber machen, putzen	

Lección 9

Del dicho al hecho hay mucho trecho.	*etwa*: Gesagt ist noch lange nicht getan.	
dicho (*Part. von* decir)		
hecho (*Part. von* hacer)		
No se ha puesto nadie al teléfono.	Niemand hat sich gemeldet (*Telefon*).	
puesto (*Part. von* ponerse)		
ponerse al teléfono	ans Telefon kommen/gehen	
¡Qué barbaridad!	Wahnsinn!	
¡Qué precios!	Was für Preise!	
Por una nada te piden un dineral.	Für jede Kleinigkeit verlangen sie eine Menge Geld.	Hoy día un piso cuesta un dineral.
¡No te lo imaginas!	Du kannst es dir nicht vorstellen!	No me imagino dónde puede estar.
imaginarse algo	sich etwas vorstellen	
el sofá	Sofa, Couch	
el espejo	Spiegel	Se mira horas al espejo.
la lavadora	Waschmaschine	La lavadora está estropeada.
los electrodomésticos	(elektrische) Haushaltsgeräte	
estar por las nubes	haushoch sein (*Preise*)	
la nube	Wolke	
preferir (prefiero, preferimos; prefiriendo)	vorziehen, lieber tun	Prefiero no decir nada.
las rebajas de enero	Winterschlussverkauf	
la rebaja	Preisnachlass, Rabatt	Aquí no hacemos rebaja.
el televisor	Fernsehgerät	Todos los televisores tienen mando a distancia *(Fernbedienung).*
la cadena	*hier:* Stereoanlage	
dispuesto/a (estar)	bereit/willens sein	
a cualquier precio	zu jedem Preis	Puedes llamarme a cualquier hora.
¿qué otra?	was für eine andere?	
¿te refieres al radiocasete?	meinst du den Radiorekorder?	
referirse a (me refiero, nos referimos; refiriéndose)	sich beziehen auf, meinen	¿Te refieres a nosotros?
el radiocasete	Radiorekorder	
se le han roto dos teclas	zwei Tasten sind kaputt gegangen	Se me han roto las gafas.
romper(se) (*Part.*: roto)	kaputt gehen, zerbrechen	
la tecla	Taste	
servir (sirvo, servimos; sirviendo)	*hier*: taugen, dienen	Esto no sirve para nada.
escuchar	(zu)hören	
la cinta	Kassette	
allá vosotros	das ist eure Sache	Si no quieres venir, alla tú.
vuelto (*Part. von* volver)		

echar una carta	einen Brief einwerfen	Vamos a echar las cartas.
el cigarrillo	Zigarette	
el estanco (de enfrente)	der Tabakladen (gegenüber)	
dejar de fumar	aufhören zu rauchen	¿Por qué no dejáis de discutir?
la canción	Lied	
cada dos por tres	alle paar Minuten	Nos vemos cada dos por tres.
tanto	so viel, so sehr	
como si no	vergebens	Se lo he dicho muchas veces, pero como si no.
proponerse (propongo, propones)	sich vornehmen	▶ poner
cantidad de veces	sehr oft, tausendmal	He estado en España cantidad de veces.
hasta ahora	bis jetzt	
dejar el tabaco	zu rauchen aufhören	
el cartero	Briefträger	¿Sabes si ha pasado ya el cartero?
visto (*Part. von* ver)		
al entrar	beim Hereinkommen	María enciende la luz al entrar.
está sellada en ...	er ist in ... gestempelt	
sellar	stempeln	
Badajoz	*Stadt in der Extremadura*	
no han puesto remite	er hat keinen Absender	
puesto (*Part. von* poner)		¿Dónde has puesto la carta?
el remite	Absender(angabe)	
A ver si hacéis unas tarjetas.	Lasst euch doch Visitenkarten machen!	
la tarjeta	(Visiten)Karte	▶ la tarjeta de crédito
la dirección	Adresse	
los conocidos	Bekannte	Son unos conocidos de mis padres.
el matasellos	(Post)Stempel	
¡Qué raro!	Wie seltsam/komisch!	
conocer (conozco, conoces)	kennen	Yo a ti te conozco de algo.
escrito (*Part. von* escribir)		
***	***	***
el retraso	Verspätung	El tren ha llegado con diez minutos de retraso.
el dueño	Besitzer, Inhaber	
puntual/- (ser)	pünktlich	Pocas veces llega puntual.
estar orgulloso/a (de)	stolz sein (auf)	El Sr. García está orgulloso de su hija.
meterse en un atasco	in einen Stau geraten	
el atasco	Stau	En esta carretera siempre hay atascos.
sintiéndolo mucho (*Inf.*: sentir)	bedaure sehr, zu meinem Bedauern	
el tráfico	der Verkehr	
horrible/- (ser)	schrecklich	Es horrible vivir aquí.
el semáforo	(Verkehrs)Ampel	
no le miento	ich lüge Sie nicht an	
mentir (miento, mentimos; mintiendo)	lügen	
el semáforo se abre	die Ampel wird grün	
el semáforo se cierra (*Inf.*: cerrarse)	die Ampel wird rot	
adrede	absichtlich	Seguro que lo ha hecho adrede.
déme (*Imp. von* dar)	geben Sie mir	
el sello	Briefmarke	Juan colecciona sellos.
el sobre	Umschlag	
el paquete de	Schachtel, Packung, Paket	Le han mandado un paquete.
aquí tiene usted	hier, bitte	

¿Algo más?	Noch etwas?	
No, nada más.	Nein, danke, das ist alles.	
en total	alles zusammen	
devuelto (*Part. von* devolver)		Todavía no me has devuelto la casete.
devolver (devuelvo, devolvemos)	zurückgeben	▶ volver
hasta otro día	bis zum nächsten Mal	
Encantado/a de servirle.	Zu Ihren Diensten. Es war mir ein Vergnügen.	

Lección 10

el rastro	Flohmarkt, Trödelmarkt	
hace buen tiempo	das Wetter ist schön	¿Qué tiempo hace ahí?
les gusta ir	sie gehen gern	A mí me gusta ir a la piscina.
dar una vuelta	eine Runde drehen	▶ dar un paseo
llueve (*Inf.*: llover)	es regnet	Cuando llueve, no salimos.
hace frío	es ist kalt	Hoy hace mal tiempo, hace mucho frío.
hay de todo	es gibt alles	Hay carne, hay pescado, hay fruta, en fin, hay de todo.
usado/a	gebraucht, benutzt	
Conchi	*Mädchenname* (María de la Concepción)	
pararse	stehen bleiben	Muchos se paran a mirar.
ante	vor (*hier: räumlich*)	
el puesto	Stand	
la ropa de muñecas	Puppenkleidung	
la muñeca	Puppe	Tengo una muñeca que se llama Loli.
regatear	handeln, feilschen	
tan bien como	so gut wie	Habla tan bien un idioma como el otro.
tanto/a	so viel, so sehr	¿Dos mil pesetas por esto? ¿Tanto pides?
tan	so (sehr)	La blusa es tan cara como la camisa.
los mayores	die Großen, die Erwachsenen	
el vestido	das Kleid	
el pantalón	Hose	
rojo/a	rot	Cuando le dices algo, en seguida se pone rojo.
¡uy, son carísimos!	Mensch, die sind aber teuer!	
carísimo/a	sehr teuer	
el abrigo	(Winter)Mantel	¿No te quitas el abrigo? Hace calor.
azul/-	blau	
la falda	Rock	Ahora se llevan las faldas cortas.
dame (*Inf.* dar)	gib mir	
a cuadros	kariert	Mi profesor es aquel de la camisa a cuadros.
anda	komm, los	
¡ni hablar!	auf gar keinen Fall!	¿Ir al rastro con este tiempo? ¡Ni hablar!
mucho mejor	viel besser	
mejor/-	besser	▶ peor
rosa	rosarot	Lleva un jersey rosa.

por menos de	für weniger als	No me da la bici por menos de 1500 marcos.
si no hay más remedio	wenn es nicht anders geht	
levantar	aufheben, hochheben	Siempre es el primero que levanta el dedo.
el suelo	Boden, Fußboden	Aquí todos tiran los papeles al suelo.
el jersey	Pullover	¿No te pones un jersey? Hace frío.
¿es tuyo?	gehört er dir?	¿Es tuyo este vaso?
tuyo/a	deiner/e/s	
caerse (me caigo, te caes; cayéndose)	hin/herunterfallen	El vaso se ha caído al suelo y se ha roto.
ese/a	der/die da	¿Quién es ese chico que está con Celia?
es mío/a	er gehört mir	
mío/a	meiner/e/s	Si no tienes bici, te dejo la mía.
es suyo/a	er gehört ihr/ihm	
suyo/a	seiner/e/s; ihrer/e/s	Yo le doy a cada uno el suyo.
seguramente	sicherlich, wahrscheinlich	A estas horas seguramente no están en casa.
lo ha volado el viento	der Wind hat ihn weggetragen	
volar (vuelo, volamos; volé; volando)	fliegen	
el viento	Wind	Hoy hace mucho viento.
***	***	***
el encuentro	die Begegnung, das Treffen	
casual/-	zufällig	
¿cómo es que ... ?	wieso ... ?	¿Cómo es que estás ahora en este colegio?
el ... pasado/a	am vergangenen ...	Estamos aquí desde el mes pasado.
ex alumnos/as	ehemalige Schüler/innen	
¿desde cuándo?	seit wann?	
fue (ser)	es war	
la idea	Idee	
entre los/las dos	wir zwei zusammen/gemeinsam	Pagamos los gastos entre los dos.
encargarse de	(eine Aufgabe) übernehmen	¿Te encargas tú de llamar a Paco?
ah, pues a mí no me avisó	mir hat sie aber nichts gesagt	
avisar (a)	benachrichtigen, Bescheid sagen	Hay que avisar a la policía.
enterarse (de)	mitbekommen, erfahren	Este chico nunca se entera de nada.
ni siquiera	nicht einmal	Ni siquiera sé cómo se llama.
pues me extraña	das wundert mich aber	▶ ¡Qué raro!
extrañar	wundern, seltsam vorkommen	
formal	zuverlässig, förmlich	Regina es una chica muy formal.
mudarse (de casa/piso)	umziehen	El mes que viene me mudo de piso.
Gijón	*Stadt in Nordspanien, in Asturien*	
¿y qué tal fue?	und wie war's?	
pasarlo bien	sich amüsieren, Spaß haben	- ¿Qué tal lo pasaste en la fiesta del pueblo? - Lo pasé muy bien.
recordar (recuerdo, recordamos; recordé; recordando)	zurückdenken an, denken an	A todos nos gusta recordar los viejos tiempos.
cambiar	wechseln, sich (ver)ändern	Desde entonces todo ha cambiado mucho.
reconocer (reconozco, reconoces; reconociendo)	(wieder)erkennen	Con esas gafas es difícil reconocerte.
por alguna razón	aus irgendeinem Grund	

la razón	Vernunft; *hier*: Grund	¿Qué razón ha dado para no venir?
presentarse	erscheinen, sich vorstellen	Se presentaron en casa sin avisar.
terrible	schrecklich	≠ amable, simpático
Ciencias Naturales	Naturwissenschaften	
¿a que sí?	stimmt's?	Tú eres andaluz, ¿a que sí?
¡el mismo!	derselbe, genau der	¿Eres tú José Luis? - ¡El mismo!
al parecer	anscheinend	Ahora, al parecer, ya no son novios.
ser un hueso (*fig.*)	streng sein	¡El profesor de latín es un hueso!
el hueso	Knochen	
sacar fotos	Fotos machen	¿Me sacas una foto?
pasar por casa	bei jdm. vorbeikommen	Esta tarde paso por tu casa, ¿vale?

Lección 11

leyó (leí, leíste, leyó; *Inf.*: leer)	er/sie las	Lo leí en el periódico.
una india chiquitana	Indio-Mädchen vom Stamm der Chiquitos	
nació (nací, naciste; *Inf.*: nacer)	sie wurde geboren	Yo nací el 2 de mayo de 1980.
el pueblecito (*Dim.*)	kleines Dorf	Soy de un pueblecito de la sierra. ▶ pueblo
boliviano/a	bolivianisch; Bolivianer/in	
la selva (amazónica)	Urwald (am Amazonas)	
lleva unos años viviendo	sie wohnt seit einigen Jahren	
llevar (+ *Zeit* + *Gerundio*)	seit ... etwas tun	Ya llevo media hora esperando.
los tíos (el tío/la tía)	Onkel und Tante	
hacer el bachillerato	das Gymnasium besuchen	En junio hago el examen de bachillerato.
el colegio de secundaria	Höhere Schule	▶ el liceo
perder (pierdo, perdemos; perdí; perdiendo)	verlieren	Dos personas perdieron la vida en el accidente.
hace cinco años	vor fünf Jahren	Le escribieron hace dos semanas.
el accidente	Unfall	Hoy no está aquí porque ha tenido un accidente.
recibir (recibí)	empfangen, erhalten	¿Has recibido las fotos que te envié?
el fin de curso	Schuljahresende	Están preparando la fiesta de fin de curso.
vio (vi, viste, vio; *Inf.*: ver)		Lo vi con mis propios ojos (Augen).
el/la siguiente	folgende/r, nächste/r	¡El siguiente, por favor!
guatemalteco/a	aus Guatemala; Guatemalteke/kin	
la muchacha	Mädchen	≠ el muchacho
alegre/-	fröhlich, heiter	≠ triste
deportista	sportlich	Todos mis amigos son muy deportistas.
la hermanita *(Dim.)*	kleine Schwester, Schwesterchen	▶ hermana
desde hace (+ *Zeitraum*)	seit (+ *Zeitraum*)	Vivimos aquí desde hace dos años.
el perro	Hund	Tienes que sacar el perro de paseo.
hace (+ *Zeitangabe*) que ...	vor (*zeitlich*)	Hace dos meses que no sé nada de él.
salir del colegio	die Schule verlassen, beenden	Mi padre sale a las seis de la oficina.
salir (salgo; salí; saliendo)	(hin)ausgehen	
desde entonces	seit damals	
hacer un aprendizaje	eine Lehre machen	Yo no pienso estudiar, quiero hacer un aprendizaje.
el aprendizaje	Berufsausbildung, Lehre	
el relojero/la relojera	Uhrmacher/in	

dentro de	(erst) in	Yo termino el bachillerato dentro de 3 años.
me gustaría (+ *Infinitiv*)	ich würde gern	Me gustaría ser un gran deportista.
hacer amistad	Freundschaft schließen	Esta chica en seguida hace amistad con todos.
la amistad	Freundschaft	
el pasatiempo	Zeitvertreib, Hobby	
preferido/a	bevorzugt, Lieblings-	El inglés es su asignatura preferida.
el baile	Tanz, (das) Tanzen	Se vieron en un baile y se hicieron amigos.
la natación	Schwimmen	Yo practico la natación.
tocar la guitarra	Gitarre spielen	Estoy aprendiendo a tocar la guitarra.
contar (cuento, contamos; conté; contando)	erzählen, zählen	
prometer	versprechen	Promete mucho, pero hace poco.
saludos	viele Grüße	
***	***	***
tuve suerte (tuve, tuviste, tuvo; *Inf.*: tener)	ich hatte Glück	Tuvimos mucha suerte.
la fiesta de fin de curso	Schuljahresabschlussfeier	
hace poco	vor kurzem	Terminó el bachillerato hace poco.
hice el examen de bachillerato (hice, hiciste, hizo; *Inf.*: hacer)	ich machte das Abitur	
el examen	Prüfung, Examen	
aprobar (apruebo, aprobamos)	bestehen	≠ suspender
la nota	Note, Zensur	Yeney siempre saca buenas notas.
la escuela primaria	Grundschule	
en cambio	dagegen	
permitir	erlauben, gestatten	¿Me permite?
tener lugar	stattfinden	La fiesta tuvo lugar a las tres de la tarde.
la entrega de diplomas	Zeugnisverteilung	
la entrega	Übergabe	
el diploma	Diplom, Zeugnis	
menos	*hier*: außer	Vinieron todos menos uno.
la mili	Militärdienst	= el servicio militar
hizo todo lo posible	er tat sein Möglichstes	Nosotros hicimos todo lo posible.
dar permiso (doy, das; di; dando)	Urlaub/Erlaubnis geben	A ti nadie te ha dado permiso para salir.
echar de menos	vermissen	¡Cuánto te he echado de menos!
ayer	gestern	▶ hoy/mañana
felicitar	beglückwünschen	
alegrarse	sich freuen	≠ ponerse triste
el liceo	Gymnasium	▶ colegio
entregar	aushändigen, übergeben	
personalmente	persönlich	
dar la enhorabuena	gratulieren, beglückwünschen	Voy a darle la enhorabuena.
el futuro	Zukunft	
bailar	tanzen	
emocionante/-	bewegend, schön	
La Paz	*Hauptstadt Boliviens*	
la paz	Frieden	≠ la guerra
solicitar	beantragen	

la contestación	(Rück)Antwort	
enviar	schicken	≠ recibir
la solicitud	Antrag	
la música	Musik	Voy a poner un poco de música.
hacer deporte	Sport treiben	
el deporte	Sport	
sobre todo	vor allem	
jugar a (juego, jugué; jugando)	spielen (*Sport/Tischspiele*)	¿Jugamos al fútbol?
el vóleibol	Volleyball	
un abrazo	*etwa*: herzliche Grüße	
el abrazo	Umarmung	

Lección 12

la escena	Szene	
la abuela	Oma, Großmutter	Viven con la abuela.
el/la nieto/a	Enkel/Enkelin	¿Cuántos nietos tiene usted?
perder al marido	den Ehemann verlieren	
en lo que puede	wo sie kann	Mis padres me ayudan en lo que pueden.
cuidar de los nietos	die Enkel hüten, auf die Enkel aufpassen	¿Quién se cuida de los niños?
no tener otra cosa que hacer	nichts anderes zu tun haben	
la mecedora	Schaukelstuhl	
hacer punto	stricken	Se pasa el día haciendo punto.
los dibujos animados	Zeichentrickfilm	Al abuelo le gustan los dibujos animados.
cuando yo era joven	als ich jung war	
era (*Inf.*: ser)	er/sie/es war	
preguntón/ona	neugierig, wissbegierig	Tú eres muy preguntón.
veías (*Inf.*: ver)	du sahst	
había (*Inf.*: haber)	es gab	¿Ya había coches cuando tú eras pequeña, abuela?
tenía (*Inf.*: tener)	ich/er/sie hatte	
la radio	Radiogerät	Voy a poner la radio para oír las noticias.
aburrido/a	langweilig	¡Qué aburrido es esperar!
¡ni mucho menos!	keineswegs, überhaupt nicht	
el salón	großer Saal, Wohnzimmer	¿No pasas al salón?
reunirse	sich treffen, sich versammeln	Se reúnen todos los sábados.
cantar	singen	Siempre canta mientras se ducha.
poner el tocadiscos	den Plattenspieler einschalten	
el tocadiscos	Plattenspieler	Los tocadiscos modernos son automáticos.
conociste (*Inf.*: conocer)	du lerntest kennen	Nos conocimos en una fiesta.
Santiago de Compostela	*Stadt in Galicien*	Sus abuelos eran de Santiago de Compostela.
solía (*Inf.*: soler) venir	er kam meistens	Yo suelo venir poco por aquí.
conocer de vista	vom Sehen kennen	No sé cómo se llama, sólo lo conozco de vista.
había visto (*Inf.*: ver)	ich hatte gesehen	Yo nunca había visto una cosa así.
Nunca me había hablado en plan serio.	Er hatte mich noch nie so richtig angesprochen.	¿Estás hablando en serio?

hablar en plan serio	es ernst meinen	
notar	merken, bemerken	En seguida notamos que pasaba algo.
se fijaba mucho en mi	er schaute mich ständig an	
fijarse en	etwas beachten, genau anschauen	¡Fíjate bien en lo que te digo!
la tómbola	Tombola	
sacar a bailar	zum Tanzen auffordern	La saqué a bailar y así empezó todo.
dijo (*Inf.*: decir)	er sagte	Todos dijeron que estaban de acuerdo.
que tú eras la más guapa	du seist die Hübscheste	
que le gustabas mucho	du gefielest ihm gut	
enamorarse (locamente) de	sich (unsterblich) verlieben in	
loco/a	verrückt, wahnsinnig	¿Qué dices? ¡Estás loco!
¿a que sí, abuela?	nicht wahr/stimmt's, Großmutter?	A ti también te gusta ese chico ¿a que sí?
enamorado/a (de)	verliebt	Estoy enamorado de Marina.
¿fuisteis novios mucho tiempo?	seid ihr lange befreundet gewesen?	
el trabajo fijo	feste (Arbeits)Stelle	
estuvimos ... casados	wir waren ... verheiratet	
el ligue	Flirt, Bekanntschaft	▶ ligar
¡anda, anda, preguntón!	na, na, du Naseweis!	
***	***	***
érase una vez	es war einmal	
Cenicienta	Aschenputtel	
por segunda vez	zum zweiten Mal	▶ por primera / última vez
la madrastra	Stiefmutter	
tratar mal	schlecht behandeln	≠ tratar bien
cocinar	kochen	▶ hacer la comida
barrer	kehren	
hacer las camas	die Betten machen	
en fin, todo	in einem Wort, alles	
el Rey	König	Vive como un rey. Es el rey del tango.
dio un baile (*Inf.*: dar)	er gab einen Ball	
e (= y *vor „i-Laut“*)	und	España e Italia. Padre e hijo.
en edad casadera	in heiratsfähigem Alter	
pobre/- (ser)	arm	≠ rico/a
triste/-	traurig	≠ alegre
de pronto	plötzlich	= de repente
aparecérsele (a algn.)	(jdm.) erscheinen	Se nos apareció un hada.
el hada (*f.*)	die gute Fee	En los cuentos las hadas son siempre buenas.
transformar (en)	verwandeln (in)	
la ropa de gala	Abendkleidung, Festgewand	
la carroza	Karosse, Kutsche	
el palacio	Palast	Las cosas de palacio van despacio.
el príncipe	Prinz	Está esperando al Príncipe Azul.
ser un flechazo	Liebe auf den ersten Blick	
las comía la envidia	die anderen fraß der Neid	▶ ser envidioso/a
no se fijaba en ellas	er hatte keine Augen für sie	▶ no miraba para ellas
la magia	die Zauberkraft, die Magie	
durar	(an)dauern	Nuestro viaje duró más de ocho horas.
la medianoche	Mitternacht	≠ el mediodía
cuando sonó la primera campanada	beim 1. Glockenschlag	≠ la última campanada
el reloj de la torre	Turmuhr	

dejar con la palabra en la boca	nicht ausreden lassen	Me dejó con la palabra en la boca y se fue.
salir corriendo	hinausrennen	Cuando llegó la policía, salieron todos corriendo.
al salir	beim Hinausgehen	
gracias a	dank ...	Gracias a Dios.
pudo (*Inf.*: poder)	er/sie konnte	
Y colorín colorado este cuento se ha acabado.	*üblicher Schluss bei Märchen, etwa*: Und nun ist die Geschichte aus.	

Lösungen zur Übung E 12.14:

1. El Gato con Botas	Der gestiefelte Kater
2. Caperucita Roja	Rotkäppchen
3. Blancanieves y los siete Enanitos	Schneewittchen und die sieben Zwerge
4. El Príncipe Encantado	Der Froschkönig

Vocabulario alfabético

Das alphabetische Wörterverzeichnis enthält diejenigen Vokabeln, die in den Lektionstexten und in den obligatorischen Übungen vorkommen. Das Vokabular der fakultativen Übungen ist hier nicht enthalten.
Angabe der Belegstellen:
- die Verweise beziehen sich jeweils auf das erste Auftauchen eines Wortes.
- die Ziffern beziehen sich auf den einleitenden Text; Angaben *E*... verweisen auf eine Übung, Angaben *G*... auf einen Paragraphen des Grammatikteils.

Bei den Verben ist jeweils der Infinitiv aufgeführt; von den Wortformen werden lediglich unregelmäßige Partizipien angegeben; sie stehen eingerückt im Anschluss an den jeweiligen Infinitiv.

A

a	1
a casa de	*G 4.8*
a cuadros	10
a la derecha	3
a la izquierda	*G 3.6*
a la vizcaína	8
a lo mejor	7
a mediados de	7
a mediodía	4
a partir de	3
a pie	*E 4.3*
a primera hora	4
¿a qué hora ...?	3
¿a que sí?	12
a rayas	*E 10.2*
a tu salud	5
a veces	6
a ver si	8
abrazo	11
abrigo	10
abril	*E 7.2*
abrir	4
abierto	3
abuelo/a	12
aburrido/a	*E 6.9*
aburrirse	5
acá	*G 10.2*
acabar	9
acabar + *gerundio*	8
acabar de + *Infinitiv*	6
acabarse	12
accidente	11
acento	5
acostarse	*E 10.9*
además	4
adiós	1
¿adónde?	5
adrede	9
aeropuerto	6
afilalápices	*E 7.4*
afueras (en las)	*E 6.6*
agencia (de viajes)	4
agosto	*E 7.2*
agradecer	*G 9.5*
agua	4
agua mineral	*E 7.11*
ah, claro	3
ahí	*G 10.2*
ahora	2
ahora mismo	3
ahorrar	*E 9.3*
ajedrez	*E 6.9*
ajo	8
al	2
al ajillo	8
al día	2
al final	*E 3.7*
al fondo de	3
al lado de	*G 3.9*
al mes	6
al parecer	10
al principio	*E 5.16*
al teléfono	4
alegrarse	11
alegre/-	*E 5.12*
alemán/a	1
alfombra	*E 6*

algo	2
algo más	9
alguno/a	3
algún	6
allá	*G 10.2*
allá vosotros	9
allí	4
almuerzo	3
alquilar	6
alquiler	6
alterar	*E 9.10*
alto/a	1
alumno/a	10
amable/-	3
amablemente	5
amarillo/a	*E 10.2*
amazónico/a	11
amigo/a	1
amistad	11
amor	1
amueblado/a	6
ancho/a	*E 10.2*
andar	2
andar mal de dinero	2
¡anda!	5
ir andando	5
andaluz	1
anécdota	*E 12.7*
ante	10
antelación	5
antes (de)	4
antigüedades	6
anuncio	4
año	2
aparcamiento	3
aparcar	3
aparecer(se)	12
apartamento	6
apetecer	*E 7.11*
aprendizaje	11
aprobar	11
aquel/aquella	1
aquello	*G 10.2*
aquí	2
argentino/a	2
armario	6
arreglar	3
ascensor	3
así	12
asignatura	*E 12.7*
atasco	9
atender	*E 5.12*
atletismo	*E 11.11*
aunque	2
autobús	4
aún	5
avenida	3
avión	*E 4.3*
avisar	3
ayer	11
ayudar	4
azafata	4
azul	10

B

bacalao	8
bachiller	7
título de bachiller	7
bachillerato	7
bailar	11
baile	11
bajar	3
bajo/a *(Adj.)*	*E 1.4*
baloncesto	*E 11.11*
balonvolea	*E 11.11*
banco	*E 2.1*
baño	3
bar	*E 2.11*
barato/a	*E 8.3*
barbaridad	9
barco	*E 4.3*
barra de pan	4
barrer	12
bastante	2
beber	8
bebida	8
beca	4
belga/-	2
beso	*E 8.9*
bicicleta	*E 4.3*
bien	1
billete	5
blanco/a	*E.10.2*
blusa	1
boca	12
bocadillo	*E 7.5*
boina	3
boliviano/a	11
bolígrafo	7
bolsa (de plástico)	*E 7.11*
bolsillo	7
bolso	7
bonito/a	*E 2.11*
botella	8
bueno/a	2
buen	6
buen tiempo	10
buenas tardes	2
buenos días	2
buscar	3
buzón	4

C

caballero	*E 1.4*
cada	*E 3.10*
cada dos por tres	9
cadena	9
caer	8
caer gordo/a	8
caerse	10
café	2
café con leche	*E 7.11*
café cortado	8
café solo	*E 7.11*
caja	*E 7.5*
cajera	*E 7.5*
cajón	7
calcetines	*E 10.2*
calefacción central	6
caliente	6
calmar	*E 8.5*
calor	*E 10.3*
calle	3
cama	3
cámara	10
camarero/a	1
cambiar	*E 5.8*
camino	7
camión	6
camisa	*E 10.2*
campanada	12
campesino/a	*E 1.4*
canción	9
cansado/a	3
cantar	1
cantidad de veces	9
caña	*E 7.11*
caos	7
cara	5
cariño	6
carísimo/a	10
carne	8
carnet (de identidad)	3
caro/a	6
carrete de fotos	7
carretera	3
carroza	12
carta *(Brief)*	2
carta *(Speisekarte)*	8
cartas *(Spielkarten)*	*E 6.9*
cartera	*E 7.4*
cartero	9
casa	4
casa de locos	*E 6.12*
casarse	8
casi	6
caso	

hacer caso	6
castellano/a	4
casual	10
catalán/ana	2
categoría	3
cazadora	*E 10.8*
cena	3
cenar	*E 5.2*
Cenicienta	12
centro	3
cerca	3
cerdo	8
cerrar	5
estar cerrado	3
cerveza	*E 6.2*
ciclismo	*E 11.11*
¡cielo santo!	7
Ciencias Naturales	10
cigarrillo	9
cine	*E 4.3*
cinta	9
citar	5
estar citado/a	5
ciudad	*E 3.12*
claro	3
clase (tener)	*E 3.4*
cliente/ -	3
coche	3
cocina	6
cocina de gas	6
cocinar	12
coger	5
colegio/cole	7
color	3
colorín colorado	12
comedor	3
comenzar	*G 5.2*
comer	4
comida	7
como	2
¿cómo?	1
¿cómo es que ...?	10
como si no	9
comodidades	6
compañero/a	3
compás	*E 7.4*
completo/a	3
comprar	4
compras, las	4
comprender	8
comunicado	
estar mal comunicado	6
comunidad	
gastos de comunidad	6
con	2
condiciones	5
conducir	*G 9.5*
conmigo	4
conocer(se)	9
conocido/a	9
conocimientos de idiomas	4
conseguir	8
consigo	*G 8.3*
contar	8
contento/a	3
contestación	11
contestar	4
contigo	4
continuamente	8
continuo/a	*E 5.12*
copa	5
corbata	*E 10.3*
cordialmente	8
corregir	*E 8.9*
correr	12
cortar	*E 8.12*
corto/a	*E 10.3*
cosa	7
cosita	*E 7.12*
costa	2
costar	3
costumbre	*E 12.7*
creer	4
creo que no/sí	1
cuaderno	*E 7.4*
cuadros	10
a cuadros	
cualquier	9
cuando	5
¿cuándo?	*E 4.6*
¿cuánto/a/os/as?	3
cuanto antes	5
cuarto (de hora)	3
cubierto, el	8
cubrir	*G 9.1*
cubierto	*G 9.1*
cuchara	8
cuchillo	8
cuenta	8
cuento	12
cuestión	*E 10.14*
cuidar	12
cumpleaños	1
curiosamente	4
curso (escolar)	7

CH

chaqueta	7
charlar	7
chico/a	1
chileno/a	*E 1.9*
chiquitano/a	11
chiste	8
chorizo	*E 7.11*
chuleta	8

D

dar	5
dar las gracias	5
dar un paseo	5
dar una vuelta	10
déme	9
de	1
de ... a	5
de acuerdo	4
¿de dónde?	1
de momento	2
de nada	1
de paso	3
de pronto	12
de sobremesa	8
de vista	12
debajo de	*G 3.6*
deber (de)	7
decidirse	5
decir	6
dicho	9
diga	*E 2.10*
dígame	4
decisivo/a	10
dejar	3
dejar de	9
del	2
delante de	3
deletrear	*E 4.12*
delgado/a	*E 1.4*
demanda	5
demasiado	4
dentro	3
depende	*E 5.8*
deportista	11
derecha	3
desayunar	4
desayuno	3
describir	*E 10.5*
desde	5
desde hace	11
desear	3
desesperado/a	7
desorden	7
despacho	5
despedir(se)	8
despertarse	5

leche	4
leer	4
leyendo	7
lejos	3
lenguado	8
levantarse	5
libre/-	3
libro	7
liceo	11
ligar	2
ligue	12
limpiar	3
limpio/a	3
lista	7
listo/a (estar)	3
lo/la/los/las *(Pron.)*	7
lo que	6
lo siento	2
locamente	12
los *(Art.)*	1
luego	6
lunes	*E 5.4*
luz	*E 6.12*

LL

llamar	4
llamar por teléfono	
llamarse	1
llave	2
llegar	5
lleno/a	6
llevar	3
llevar años + *gerund.*	11
llevarse fatal	8
llover/llueve	10

M

macarrones	8
machista	8
madrastra	12
madre	1
madrileño/a	6
magia	12
majo/a	2
mal	1
mal comunicado/a	6
mala suerte	*E 6.12*
maleta	3
malhumorado/a	7
mamá	4
mandar	7
mano	*E 8.9*
mantel	8
mantequilla	4
mañana	1
por la mañana	4
máquina de escribir	7
maravilla	*E 3.9*
marcar	4
marido	7
marrón/-	*E 10.2*
martes	5
marzo	*E 7.2*
más	3
más bien	6
más o menos	3
matasellos	9
matemáticas	7
material escolar	7
matrícula	3
matrimonio	6
mayo	*E 7.2*
mayor	1
mayores, los	10
me	2
mecánico/a	*E 1.5*
mecedora	12
medianoche	12
médico/a	*E 1.5*
medio/a	3
mediodía	4
mejor/-	10
menos	3
menos de	10
mentir	9
menú del día	8
merluza	8
mermelada	4
mes	4
mesa	4
meter	4
meterse con	8
mexicano/a	*E 1.3*
mi	1
mí	8
mientras	2
miércoles	5
mil	3
mili	11
mío/a/os/as	10
mirar	1
mirar a ver	7
mismo/a/os/as	8
mochila	*E 7.4*
momentito	5
momento	5
monja	7
monopatín	*E 11.11*
montón	7
morado/a	*E 10.2*
moreno/a	1
morir	*G 9.1*
muchacho/a	11
mucho/a	2
mucha suerte	4
muchas gracias	2
muchísimo	11
mucho gusto	1
mudarse de piso	*E 7.3*
mujer	*E 2.1*
muñeca	10
música	11
muy	1
muy bien	2
muy mal	1

N

nacional	3
nacer	11
nada	7
nada más	9
nadie	7
naranja	*E 10.2*
natación	11
naturalmente	6
necesitar	2
negro/a	*E 10.2*
nevar	*E 10.3*
nevera	6
ni	3
ni hablar	10
ni mucho menos	12
ni siquiera	10
niebla	*E 10.3*
nieto/a	12
ningún/ninguno	6
niño/a	7
no	1
no hay más remedio	10
no importa	3
no sé	1
noche	3
nombre	3
normalmente	3
nos	*G 5.1*
nosotros/as	*G 1.2*
notar	12
nota	11
noviembre	*E 7.2*

novio/a	1
nube	9
nuestro/a	4
nuevo/a	9
número	3
nunca	7

O

o	4
octubre	*E 7.2*
ocupado/a (estar ~)	3
oficina	4
ofrecer	*G 9.5*
oír	6
¡oiga!	3
¡oye!	5
ojo	*E 10.5*
orden	*E 10.9*
organizar	5
orgulloso/a	9
os	*G 5.1*
otoño	*E 7.2*
otro/a	5
otra vez	5

P

padre	1
padres	2
pagar	2
palabra	*E 2.5*
palacio	12
pan	4
panadería	4
pantalón	10
papá	11
papel	7
paquete	9
par	6
para	2
¿para qué?	7
parada	*E 3.6*
parar(se)	3
parchís	*E 6.9*
parecer (que)	6
pareja	6
parte	
en parte	6
pasado, el	10
pasar	2
pasado por agua	4
pasar a ver	6
pasar la noche	3
pasar las vacaciones	11
pasarlo bien/bomba	10
pasatiempo	11
paseo	5
pasillo	3
paso	3
de paso	
patatas fritas	8
patinaje	*E 11.11*
patio	6
pedir	8
pega	6
pegar	*E 12.7*
película	*E 12.4*
pelo, el	1
pensar	5
pequeño/a	6
perder	11
periódico	4
periodismo	7
periodista	2
permiso	11
permitido (estar)	*E 3.11*
pero	1
perro	11
persona	3
personalmente	11
peruano/a	*E 1.1*
pescado	8
pesetas	3
pie	
ir a pie	*E 4.3*
pintor/a	*E 1.5*
piropo	8
piso	4
piso compartido	*E 4.2*
plan	
en plan serio	*12*
planta	6
plástico	
bolsa de plástico	*E 7.11*
plato	8
playa	4
plaza	5
pobre/-	12
poco	2
poder	8
policía	*E 1.5*
pollo	8
poner	*G 6.3*
puesto	9
poner malo/a	7
ponerse a	5
ponerse guapo/a	5
por	2
por ahí	7
por aquí	5
por ciento	3
por el camino	7
por eso	2
por favor	3
por fin	6
por la mañana	4
por la tarde	6
por las nubes	9
por ninguna parte	7
por noche	3
¿por qué?	1
porque	5
portero/a	2
posible	8
postre	8
precio	3
preferir	9
preguntar	5
preguntón/-ona	12
preparar	4
preparativos	7
presentarse	10
primavera	5
primero/a	4
principalmente	5
príncipe	12
privado/a	7
problema	*E 4.9*
profesor/a	1
profe	10
prohibido/a	3
prometer	11
pronto	4
propaganda	4
propina	8
proponer	9
propuesto	9
prospecto	5
público	7
pueblecito	11
pueblo	2
puente	*E 5.6*
puerta	*E 7.9*
pues	2
pues claro	12
pues entonces	4
puesto, el	10
puntual	9

Q

que *(Pron.)*	3
¿qué?	*E 1.1*
¿qué tal?	5
¡qué barbaridad!	9
¡qué raro!	9
¡qué mala suerte!	*E 6.12*
quedar *(übrig sein)*	3
quedarse	5
querer	2
queso	*E 7.11*
¿quién?	1
¡quién sabe!	8
quiosco	4
quitar	3
quitar la mesa	4
quizás	2

R

radio	12
radiocasete	9
rápido/a	*E 5.12*
raro/a	9
rastro	10
rato	*E 8.3*
razón	10
rebajas	9
recepción	2
recepcionista	3
recibir	11
reclamar	3
recoger	8
recomendar	8
reconocer	*G 9.5*
recordar	10
recreo	*E 12.7*
referirse a	9
regalar	*E 8.12*
regalo	*E 8.12*
regatear	10
regla	*E 7.4*
regresar	4
reina	*E 1.11*
reír(se)	8
reloj	*E 3.3*
relojera	11
remedio	10
si no hay más remedio	10
remite	9
remo	*E 11.11*
reñir	8
repetir	8
reservar	5
respuesta	*E 9.2*
restaurante	3
resto	3
retraso	9
reunión	10
reunirse	12
revelar	7
revista	7
rey	12
rico/a	2
riquísimo/a	8
riesgo	6
rojo/a	10
romper	9
roto	9
ropa	7
ropa de gala	12
rosa *(Farbe)*	10
rotulador	*E 9.9*
rubio/a	1

S

sábado	10
saber	4
sé	1
sacapuntas	*E 7.4*
sacar	4
sacar a bailar	12
sacar fotos	10
sala de estar	6
salchichón	*E 7.11*
salir	5
salir corriendo	12
salón	7
salsa	8
salud	5
saludar	2
saludos	11
santo/a	7
sardana	*E 5.4*
se *(Pron.)*	1
secretario/a	*E 1.5*
sed	*E 7.11*
seguir	7
seguir + *gerundio*	7
seguramente	10
sellar	9
sello	9
selva	11
semáforo	9
semana	2
sentarse	5
estar sentado	7
sentir	2
lo siento	
sintiéndolo mucho	9
señor	2
señora	2
señorita	4
septiembre	7
ser	1
ser costumbre	*E 12.7*
érase una vez	12
es que	3
serio	12
servir	9
si	4
sí	1
sí claro	5
siempre	4
siguiente	9
silla	5
simpático/a	8
sin	3
sin embargo	6
sitio	*E 6.10*
situado/a	6
sobre *(Adv.)*	*E 3.7*
sobre todo	11
sobre, el	9
sobremesa	8
socio	5
sofá	9
sol	10
soler	6
solicitar	11
solicitud	11
solo/a	4
sólo	3
sonar	12
sopa	8
sopa de fideos	8
su/sus	1
subir	4
sucio/a	3
sueldo	5
suerte	4
suficiente/-	3
suyo/a/os/as	10

T

tabaco	9
tal	10
talla	*E 10.2*
taller	4

también	1
tampoco	1
tan	3
tan bien	10
tanto/a	9
tapas	*E 7.11*
tarde *(Adj.)*	*E 7.2*
tarde, la	2
tarjeta	3
tarjeta de crédito	
tarjeta de visita	9
taxista	*E 1.5*
te	1
té	*E 7.11*
tecla	9
tejanos, los	*E 10.5*
teléfono	3
televisión	3
tele	12
televisor	9
temporada	3
temporada alta	*E 3.10*
temporada baja	*E 3.10*
temprano	5
tenedor	8
tener	2
tener lugar	11
tener que	2
tener razón	*E 2.8*
tenis	*E 6.8*
tercero/a	6
terminar	5
terminar de	5
ternera	8
terrible/-	10
ti	8
tiempo *(Wetter)*	10
tiempo *(Zeit)*	2
tienda	6
tinto (vino)	8
tío	11
titular	*E 11.3*
título (de bachiller)	7
toalla	3
tocadiscos	12
tocar	11
todavía	3
todo/a/os/as + *Artikel*	3
tomar	2
tomate	8
tómbola	12
tonto/a	8
torre	12
total/-	9
en total	*E 4.2*
trabajar	2
trabajillo	4
trabajo	4
traductor/a	1
traer	8
traducir	*G 9.5*
tráfico	9
tranquilamente	5
tranquilizarse	*E 5.3*
transformar	12
tratar (mal)	12
trecho	9
tren	*E 4.3*
tres en raya	*E 6.9*
triste/-	12
trocito	*E 8.12*
tu/tus	*G 1.4*
tú	1
turista	2
tuyo/a/os/as	10

U

últimamente	8
último/a	*E 7.13*
un/a/os/as	*G 1.1*
unos/as cuantos/as	10
único	12
usar	*E 9.11*
usted	2

V

vacaciones	2
vacío/a	6
valer	10
vale	1
varios/as	9
vaso	1
venezolano/a	5
venir	6
venga	7
ventana	6
ver	6
visto	9
a ver si	8
vamos a ver	3
verano	2
¿verdad?	1
verde/-	1
vestido	10
vez	5
viajar	6
viaje	*E 3.6*
estar de viaje	
viajero	3
viceversa	*E 12.1*
vida	6
viejo/a	10
viento	10
viernes	5
vino	*E 7.11*
vino tinto	8
visita	8
vivir	4
vivir juntos	6
volar	10
vóleibol	11
volver	6
vuelto	9
vosotros/as	*G 1.2*
vuelta	7
vuelta al cole	
dar una vuelta	10
vuestro/a/os/as	*G 4.7*

Y

y	1
ya	5
ya no	3
yo	1
¡yo qué sé!	7
yudo	*E 11.11*

Z

zapatería	8
zapatillas	7
zapato	12
zumo de naranja	*E 7.11*

Expresiones útiles en clase

Ausdrücke für den Unterricht

Para trabajar con la imagen

¿Qué hay a la izquierda de ...?
¿Qué hay a la derecha de ...?
¿Qué hay a detrás de ...?
¿Qué hay encima de ...?
¿Qué te/le dice la foto/la imagen?
¿Qué muestra la foto?
¿Qué ves/ve usted?
Mira/mire la imagen.

Für die Arbeit mit Fotos/Illustrationen

Was ist links von ...?
Was ist rechts von ...?
Was ist hinter ...?
Was ist auf/über...?
Was sagt dir/Ihnen das Foto/das Bild?
Was zeigt das Fotos?
Was siehst du/was sehen Sie?
Sieh dir/sehen Sie sich das Bild an!

Para trabajar en la pizarra

¿Quién quiere ir a buscar tiza?
¿Quién quiere salir a la pizarra?
Birgit, [vete] a la pizarra, por favor.
Escribe/escriba usted.
Limpia/limpie la pizarra.
No hay tiza.
Siéntate/siéntese.
Vuelve/vuelva usted a su sitio.

Für die Arbeit an der Tafel

Wer geht Kreide holen?
Wer kommt an die Tafel?
B., [geh] an die Tafel, bitte!
Schreib/schreiben Sie!
Wisch/wischen Sie die Tafel.
Es ist keine Kreide da.
Setz dich/setzen Sie sich!
Geh/Gehen Sie an deinen/Ihren Platz!

Para trabajar con el libro

¿Quién quiere leer el texto?
Abrid/abran el libro en la página ...
Cerrad/cierren los libros.
Escribid/escriban.
Escuchad y repetid.
Escuchen y repitan.
Habla/hable más alto.
Lee/lea a partir de la línea ...
Lee/lea el texto, por favor.
Prestad/presten atención.
Repite/repita la frase.
Sacad/saquen el libro/el cuaderno.

Für die Arbeit mit dem Buch

Wer möchte den Text lesen?
Schlag/schlagen Sie das Buch auf S. ... auf.
Schließt/schließen Sie die Bücher.
Schreibt/schreiben Sie.
Hört zu und wiederholt.
Hören Sie und wiederholen Sie.
Sprich/sprechen Sie lauter.
Lies/lesen Sie von Zeile ... an.
Lies/lesen Sie den den Text bitte.
Passt auf/passen Sie gut auf.
Wiederhole/wiederholen Sie den Satz.
Nehmt/nehmen Sie das Buch/Heft heraus.

Para poner orden en la clase

¡Sentaos!/¡siéntense!
¡Silencio, por favor!

Um für Ordnung zu sorgen

Setzt Euch! setzen Sie sich!
Ruhe, bitte.

Para corregir las faltas

¡Cómo se escribe esta palabra?
¡Cómo se pronuncia?
¿Es correcto/a?
Eso no es correcto.
¿Se escribe con acento o sin él?
Aquí hay una falta/un error.
Comienza/comience otra vez desde el principio.
Lo que has dicho no está bien.

Zur Korrektur der Fehler

Wie schreibt man dieses Wort?
Wie spricht man das aus?
Ist es/das richtig?
Das ist nicht richtig.
Wird es mit oder ohne Akzent geschrieben?
Hier ist ein Fehler.
Fang/fangen Sie noch einmal von vorne an!
Was du gesagt hast, ist nicht richtig.

Lo que usted ha dicho no está bien.
Otra vez, por favor.
Repite/repita la frase/la palabra.
Has hecho/Usted hecho una falta.

Para hablar con su compañero/a o con el profesor/la profesora

A mí me parece que ... .
¿Cómo se escribe, por favor?
¿Cómo se pronuncia?
¿En qué página está?
¿Me lo puede explicar usted otra vez?
¿No se puede decir así?
¿Podemos abrir la ventana? Hace calor.
¿Podemos cerrar la ventana? Hace frío.
¿Por qué no es correcto?
¿Puedo continuar?
¿Puedo ir al servicio, por favor?
¿Qué deberes tenemos para la próxima vez?
¿Qué significa esta palabra?
Lo siento, no conozco el tema de la lección.
Lo siento, no he hecho los deberes.
Me olvidé de hacer los deberes.
No entiendo la palabra.
No he entendido.
No lo encuentro.
No sabía lo que había que hacer.
No sé lo que quiere decir.
No sé lo que significa esta palabra.
No tan rápido, por favor, no entiendo.
Usted siempre nos pone muchos deberes.
Yo creo que ... .
Yo no estoy de acuerdo con ... .
Preparad/preparen el siguiente texto/
los siguientes ejercicios.
Para la próxima clase hacéis/hagan ustedes ... .

Para hacer los ejercicios del libro

¡A ver si nos aclaramos/entendemos!
Allá usted/tú!
¡Qué comparaciones!
A regatear.
Ahora te toca a ti.
Ahora le toca a usted.
Ahora tú/usted.
Así fue.
Completa/complete el sentido de la frase.
Completa/complete la frase/la estructura
con el/ la correspondiente ...
Contesta/conteste las preguntas.
Continúa/continúe.
Corrige/corrija el texto.
Cuenta tú/cuente usted ahora la historia.

Was Sie gesagt haben, ist nicht richtig.
Noch einmal, bitte.
Wiederhole/wiederholen Sie den Satz/das Wort.
Du hast/Sie haben einen Fehler gemacht.

Um mit dem Nachbarn/der Nachbarin oder Lehrer/der Lehrerin zu sprechen.

Mir scheint, dass .../Ich glaube ... .
Wie schreibt man das, bitte?
Wie spricht man das aus?
Auf welcher Seite steht das?
Können Sie es mir noch einmal erklären?
Kann man das nicht so sagen?
Dürfen wir das Fenster öffnen? Es ist warm hier.
Dürfen wir das Fenster schließen? Es ist kalt hier.
Wieso ist das nicht richtig?
Kann ich fortfahren?
Darf ich austreten?
Was haben wir zum nächsten Mal auf?
Was bedeutet dieses Wort?
Leider kenne ich das Thema der Lektion nicht.
Es tut mir Leid, ich habe die Aufgaben nicht gemacht.
Ich habe vergessen, die Hausaufgaben zu machen.
Ich verstehe das Wort nicht.
Ich habe (das) nicht verstanden.
Ich finde es nicht.
Ich wusste nicht, was wir aufhatten.
Ich weiß nicht, was das bedeutet.
Ich weiß nicht, was dieses Wort bedeutet.
Nicht so schnell bitte, ich verstehe nichts.
Sie geben uns immer sehr viel auf.
Ich glaube, dass ... .
Ich bin nicht damit einverstanden, dass ... .
Bereitet/Bereiten Sie bitte folgenden Text/
folgende Aufgabe vor.
Als Hausaufgabe macht ihr/machen Sie bitte .../
Setzen Sie ... ein.

Zu den Übungen des Buches

Haben wir uns verstanden?
Wie Sie wollen./Wie du willst./ Ihre/Deine Sache!
Was für Vergleiche!
Jetzt wird gefeilscht.
Jetzt bist du an der Reihe.
Jetzt sind Sie an der Reihe.
Jetzt bist du/sind Sie dran.
So war es./So geschah es.
Ergänze/ergänzen Sie die Bedeutung des Satzes.
Ergänze/ergänzen Sie den Satz/die Struktur
mit dem/der passenden ...
Beantworte/beantworten Sie die Fragen.
Fahre fort/fahren Sie fort.
Korrigiere /korrigieren Sie den Text.
Erzähle/erzählen Sie nun die Geschichte.

Cuéntalo/cuéntelo usted en indefinido.	Erzähle es/erzählen Sie es im Indefinido.
De esto hace tiempo.	Das war vor langer Zeit.
Decide/decida usted entre el perfecto o el indefinido.	Wähle/wählen Sie zwischen Perfekt und Indefinido.
Describe/describa la imagen.	Beschreibe/beschreiben Sie das Bild.
Dialoga/dialogue con	Sprich mit/sprechen Sie mit ....
Di/diga usted cómo era antes.	Sage/sagen Sie, wie es früher war.
Dilo/dígalo de otra manera.	Sage es/sagen Sie es auf andere Weise.
Dilo/dígalo en pasado.	Setze/setzen Sie es in die Vergangenheit.
Ejercicio de lectura y comprensión.	Leseverständnisübung
Ejercicio por parejas.	Partnerübung
Es cuestión de estilo.	Es ist eine Frage des Stils.
Escucha y repite./Escuche y repita.	Hör zu und wiederhole./Hören Sie zu und wiederholen Sie.
Eso ya pasó hace tiempo.	Das geschah vor längerer Zeit.
Estructuras correspondientes a	Strukturen, die ... entsprechen.
Formula/formule frases.	Bilde/bilden Sie Sätze.
Frases en cadena: comienza/comience la siguiente frase con la primera letra.	Kettensätze. Fange/fangen Sie den jeweils folgenden Satz mit dem ersten Buchstaben an.
Habla/hable con tu/su vecino/a; compañero/a.	Sprich/sprechen Sie mit deinem/Ihrem Nachbarn/Ihrer Nachbarin.
Hablando se entiende la gente.	Man muss nur miteinander reden.
Habla/hable con su compañero/a según el ejemplo.	Sprich/sprechen Sie mit Ihrem Partner/Ihrer Partnerin gemäß dem Beispiel.
Hazle/hágale una pregunta.	Stelle/stellen Sie ihm/ihr eine Frage.
Jugando se aprende.	Man lernt im Spiel/spielend.
Lee/lea el ejemplo/la pregunta.	Lies/lesen Sie das Beispiel/die Frage.
... manteniendo el mismo orden de palabras	... bei gleicher Satzstellung
Ojo de detective	Adlerauge
Ordena/ordene usted la historia y ponla/póngala en indefinido.	Ordne/ordnen Sie die Geschichte und setze/setzen Sie sie ins Indefinido.
Pon/ponga el texto en estilo indirecto.	Setze/setzen Sie den Text in die indirekte Rede.
Pon/ponga la preposición que falta.	Setze/setzen Sie die fehlenden Präpositionen ein.
Practícalo/practíquelo como	Übe/üben Sie es so, wie ....
Pregunta./Pregunte.	Frage./Fragen Sie.
Pregunta/pregunte usted lo mismo en indefinido.	Frage/fragen Sie dasselbe im Indefinido.
¿Qué razón?	Welche Begründung?
Repite/repita usted la frase y añada algo más.	Wiederhole/wiederholen Sie den Satz und füge/fügen Sie etwas hinzu.
Resalta/resalte el complemento colocándolo delante.	Hebe/heben Sie das Objekt hervor, indem du es voranstellst/Sie es voranstellen.
Transforma/transforme las frases en pasado.	Setze/setzen Sie die Sätze in die Vergangenheit.
Usa/use la estructura	Benutze/benutzen Sie die Struktur ....

Los verbos conjugados

Als Modell für den entsprechenden Konjugationstyp stehen die Verben *ganar* für die erste, *comer* für die zweite und *vivir* für die dritte Konjugation.
Von den Verben, die Diphthongierung oder Lautverschiebung aufweisen, wird je ein Beispiel angeführt.
Besonderheiten der unregelmäßigen Verben werden halbfett hervorgehoben.
Der Vollständigkeit halber werden auch Verbformen angegeben, die in Band 1 noch nicht eingeübt werden; diese sind mit * gekennzeichnet.
Die alphabetische Liste am Schluss enthält weitere Verben aus Band 1 mit dem Hinweis auf die jeweilige Konjugation.

Infinitivo	Presente	Gerundio	Participio	Indefinido	Imperfecto
1. Konjugation:					
ganar	gano ganas gana ganamos ganáis ganan	ganando	ganado	gané ganaste ganó ganamos ganasteis ganaron	ganaba ganabas ganaba ganábamos ganabais ganaban
2. Konjugation:					
comer	como comes come comemos coméis comen	comiendo	comido	comí comiste comió comimos comisteis comieron	comía comías comía comíamos comíais comían
3. Konjugation					
vivir	vivo vives vive vivimos vivís viven	viviendo	vivido	viví viviste vivió vivimos vivisteis vivieron	vivía vivías vivía vivíamos vivíais vivían

Infinitivo	Presente	Gerundio	Participio	Indefinido	Imperfecto
conducir	condu**zc**o	conduciendo	conducido	**conduje***	conducía
	conduces			**condujiste***	conducías
	conduce			**condujo***	conducía
	conducimos			**condujimos***	conducíamos
	conducís			**condujisteis***	conducíais
	conducen			**condujeron***	conducían
conocer	cono**z**co	conociendo	conocido	conocí	conocía
	conoces			conociste	conocías
	conoce			conoció	conocía
	conocemos			conocimos	conocíamos
	conocéis			conocisteis	conocíais
	conocen			conocieron	conocían
contar	c**ue**nto	contando	contado	conté	contaba
	c**ue**ntas			contaste	contabas
	c**ue**nta			contó	contaba
	contamos			contamos	contábamos
	contáis			contasteis	contabais
	c**ue**ntan			contaron	contaban
creer	creo	creyendo	creído	creí	creía
	crees			creíste	creías
	cree			creyó	creía
	creemos			creímos	creíamos
	creéis			creísteis	creíais
	creen			creyeron	creían
dar	**doy**	dando	dado	**di**	daba
	das			**diste**	dabas
	da			**dio**	daba
	damos			**dimos**	dábamos
	dais			**disteis**	dabais
	dan			**dieron**	daban
decir	**digo**	diciendo	**dicho**	**dije**	decía
	dices			**dijiste**	decías
	dice			**dijo**	decía
	decimos			**dijimos**	decíamos
	decís			**dijisteis**	decíais
	dicen			**dijeron**	decían
dormir	d**ue**rmo	d**u**rmiendo	dormido	dormí	dormía
	d**ue**rmes			dormiste	dormías
	d**ue**rme			d**u**rmió*	dormía
	dormimos			dormimos	dormíamos
	dormís			dormisteis	dormíais
	d**ue**rmen			d**u**rmieron*	dormían

Infinitivo	Presente	Gerundio	Participio	Indefinido	Imperfecto
entender	ent**ie**ndo ent**ie**ndes ent**ie**nde entendemos entendéis ent**ie**nden	entendiendo	entendido	entendí entendiste entendió entendimos entendisteis entendieron	entendía entendías entendía entendíamos entendíais entendían
estar	**estoy** **estás** **está** **estamos** **estáis** **están**	estando	estado	**estuve** **etuviste** **estuvo** **estuvimos** **estuvisteis** **estuvieron**	estaba estabas estaba estábamos estabais estaban
haber	**he** **has** **ha** (hay) **hemos** **habéis** **han**	habiendo –	habido	– – **hubo*** – – –	había habías había habíamos habíais habían
hacer	**hago** haces hace hacemos hacéis hacen	haciendo	**hecho**	**hice** **hiciste** **hizo** **hicimos** **hicisteis** **hicieron**	hacía hacías hacía hacíamos hacíais hacían
ir	**voy** **vas** **va** **vamos** **vais** **van**	**yendo**	ido	**fui** **fuiste** **fue** **fuimos** **fuisteis** **fueron**	**iba** **ibas** **iba** **íbamos** **ibais** **iban**
jugar	ju**e**go ju**e**gas ju**e**ga jugamos jugáis ju**e**gan	jugando	jugado	jug**u**é jugaste jugó jugamos jugasteis jugaron	jugaba jugabas jugaba jugábamos jugabais jugaban
llamar(se)	me llamo te llamas se llama nos llamamos os llamáis se llaman	llamándo(se)	llamado	llamé llamaste llamó llamamos llamasteis llamaron	llamaba llamabas llamaba llamábamos llamabais llamaban
llover	ll**ue**ve	lloviendo	llovido	llovió	llovía
nevar	n**ie**va	nevando	nevado	nevó	nevaba

Infinitivo	Presente	Gerundio	Participio	Indefinido	Imperfecto
oír	oigo oyes oye oímos oís oyen	oyendo	oído	oí oíste oyó oímos oísteis oyeron	oía oías oía oíamos oíais oían
parecer	parezco pareces parece parecemos parecéis parecen	pareciendo	parecido	parecí pareciste pareció parecimos parecisteis parecieron	parecía parecías parecía parecíamos parecíais parecían
pedir	pido pides pide pedimos pedís piden	pidiendo	pedido	pedí pediste pidió* pedimos pedisteis pidieron*	pedía pedías pedía pedíamos pedíais pedían
pensar	pienso piensas piensa pensamos pensáis piensan	pensando	pensado	pensé pensaste pensó pensamos pensasteis pensaron	pensaba pensabas pensaba pensábamos pensabais pensaban
poder	puedo puedes puede podemos podéis pueden	pudiendo*	podido	**pude** **pudiste** **pudo** **pudimos** **pudisteis** **pudieron**	podía podías podía podíamos podíais podían
poner	pongo pones pone ponemos ponéis ponen	poniendo	**puesto**	**puse*** **pusiste*** **puso*** **pusimos*** **pusisteis*** **pusieron***	ponía ponías ponía poníamos poníais ponían
querer	quiero quieres quiere queremos queréis quieren	queriendo	querido	**quise** **quisiste** **quiso** **quisimos** **quisisteis** **quisieron**	quería querías quería queríamos queríais querían

Infinitivo	Presente	Gerundio	Participio	Indefinido	Imperfecto
reírse	me río	riéndose	reído	me reí	me reía
	te ríes			te reíste	te reías
	se ríe			se rio*	se reía
	nos reímos			nos reímos	nos reíamos
	os reís			os reísteis	os reíais
	se ríen			se rieron*	se reían
reñir	riño	riñendo	reñido	reñir	reñía
	riñes			reñiste	reñías
	riñe			riñó*	reñía
	reñimos			reñimos	reñíamos
	reñís			reñisteis	reñíais
	riñen			riñeron*	reñían
saber	**sé**	sabiendo	sabido	**supe***	sabía
	sabes			**supiste***	sabías
	sabe			**supo***	sabía
	sabemos			**supimos***	sabíamos
	sabéis			**supisteis***	sabíais
	saben			**supieron***	sabían
seguir	sigo	siguiendo	seguido	seguí	seguía
	sigues			seguiste	seguías
	sigue			siguió*	seguía
	seguimos			seguimos	seguíamos
	seguís			seguisteis	seguíais
	siguen			siguieron*	seguían
sentir	siento	sintiendo	sentido	sentí	sentía
	sientes			sentiste	sentías
	siente			sintió*	sentía
	sentimos			sentimos	sentíamos
	sentís			sentisteis	sentíais
	sienten			sintieron*	sentían
ser	**soy**	siendo	sido	**fui**	**era**
	eres			**fuiste**	**eras**
	es			**fue**	**era**
	somos			**fuimos**	**éramos**
	sois			**fuisteis**	**erais**
	son			**fueron**	**eran**
tener	tengo	teniendo	tenido	**tuve**	tenía
	tienes			**tuviste**	tenías
	tiene			**tuvo**	tenía
	tenemos			**tuvimos**	teníamos
	tenéis			**tuvisteis**	teníais
	tienen			**tuvieron**	tenían

traer	traigo	trayendo	traído	**traje***	traía
	traes			**trajiste***	traías
	trae			**trajo***	traía
	traemos			**trajimos***	traíamos
	traéis			**trajisteis***	traíais
	traen			**trajeron***	traían
venir	vengo	viniendo	venido	**vine**	venía
	vienes			**viniste**	venías
	viene			**vino**	venía
	venimos			**vinimos**	veníamos
	venís			**vinisteis**	veníais
	vienen			**vinieron**	venían
ver	veo	viendo	**visto**	vi	veía
	ves			viste	veías
	ve			vio	veía
	vemos			vimos	veíamos
	veis			visteis	veíais
	ven			vieron	veían
volver	vuelvo	volviendo	**vuelto**	volví	volvía
	vuelves			volviste	volvías
	vuelve			volvió	volvía
	volvemos			volvimos	volvíamos
	volvéis			volvisteis	volvíais
	vuelven			volvieron	volvían

Bildnachweis

Alfa-Omega, Barcelona: S. 7 (Bénazet), S. 848 Nr. 1;
Archiv für Kunst und Geschichte, Berlin: S. 133 Mitte;
Bavaria - Bildagentur, Gauting: S. 46 Nr. 1 (Picture Finders), S. 47 Nr. 6 (Tessore), S. 49 Nr. 5 (Eckebrecht), S. 61 Nr. 5 (Irish), S. 95 (Thiele), S. 135 Nr. 8 (Studio Hahn);
dpa, Frankfurt: S. 12 o.li. (SFP), S. 12 u. re., S. 60 Nr. 3 (EFE Agencia), S. 132 Mitte (European Press), S. 133 li. (Eilmes);
Fotex Medien Agentur GmbH; Hamburg: S. 12 u. li. (Badialpress), S. 12 o. Mi. (König);
IFA-Bilderteam GmbH, München-Taufkirchen: S. 49 Nr. 4 (Fred), S. 49 Nr. 6 (Mithra Gorter), S. 60 Nr. 1 (Graf), S. 60 Nr. 4 (Graf), S. 61 Nr. 6 (Graf), S. 135 Nr. 11 (Welsh);
Bildarchiv von Irmer, München: S. 135 Nr 7;
Fotoagentur Lade, Frankfurt: S. 46 Nr. 2 (Elsen), S. 49 Nr. 8 (Bav.), S. 73 (Bramaz), S. 122 (Soria), S. 134 Nr. 1 (Truöl), S. 134 Nr. 5 (Bramaz), S. 135 Nr. 9 (Hornback), S. 135 Nr. 10 (Assmann);
© Joaquín Salvador Lavado (Quino). Buenos Aires: Ediciones de la Flor: S. 55, 83, 101, 118, 125;
A. Laura/B. Minitti: Una pareja a medida. Ornela Nr. 197. Roma: Edizioni Lancio: S. 143;
Bildagentur GmbH Mauritius, Mittenwald: S. 60 Nr. 2 (Vidler), S. 61 Nr. 7 (Messerschmidt);
P. Pérez, Erlangen: S. 36, 42, 45, 47 Nr. 7, 110, 132 o., 136 li.;
Bildagentur Schapowalow, Hamburg: S. 47 Nr. 5 (Heaton), S. 49 Nr. 7 (Müller), S. 136 re. (Sperber);
J. Schicker, Santa Cruz: S. 123, 128, 129;
S.E.T. Photoproductions, München: S. 12 o. re.;
Silvestris Fotoservice, Kastl: S. 134 Nr. 2 (Stadler), S. 134 Nr. 3 (Marquez), S. 134 Nr. 4 (Marquez);
Süddeutscher Verlag Bilderdienst, München: S. 109;
Ullstein Bilderdienst, Berlin: S 133 re.;
ZEFA, Düsseldorf: S. 18 (Rossenbach), S. 46 Nr. 3 (Messerschmidt), S. 47 Nr. 4 (Damm), S. 48 Nr. 2 (Meier), S. 48 Nr. 3 (Abril), S. 61 Nr. 8 (Messerschmidt), S. 135 Nr. 6 (Essbach), S. 147 (Gollrow).

Alphabetische Liste der übrigen eingeführten Verben mit einer Unregelmäßigkeit

Infinitivo	Irregularidad	Modelo	Indefinido	Participio
abrir		vivir		**abierto**
acostarse	(o → ue)	contar		
agradecer	(zc)	parecer		
aparecer	(zc)	parecer		
buscar		tocar	bus**qu**é	
cerrar	(e → ie)	pensar		
coger, cojo, coges		comer		
comenzar	(e → ie)	pensar	comencé	
conseguir	(e → i)	seguir		
corregir, corrijo, corriges	(e → i)	pedir		
costar	(o → ue)	contar		
despedir	(e → i)	pedir		
devolver	(o → ue)	volver		**devuelto**
divertirse	(e → ie → i)	sentir		
empezar	(e → ie)	comenzar	empecé	
encontrar	(o → ue)	contar		
escribir		abrir		**escrito**
leer		creer		
mentir	(e → ie → i)	sentir		
morir	(o → ue → u)	dormir		**muerto**
nacer	(zc)	parecer		
ofrecer	(zc)	parecer		
organizar		llamar	organicé	
perder	(e → ie)	entender		
preferir	(e → ie → i)	sentir		
producir	(zc)	conducir	**produje***	
proponer(se), propongo		poner	**propuse**	**propuesto**
recomendar	(e → ie)	pensar		
reconocer	(zc)	conocer		
referirse a	(e → ie → i)	sentir		
romper		comer		**roto**
salir, salgo, sales		vivir		
sentarse	(e → ie)	pensar		
servir	(e → i)	pedir		
soler	(o → ue)	volver		
traducir	(zc)	conducir	**traduje***	
vestirse	(e → i)	pedir		

987

Iberoamérica